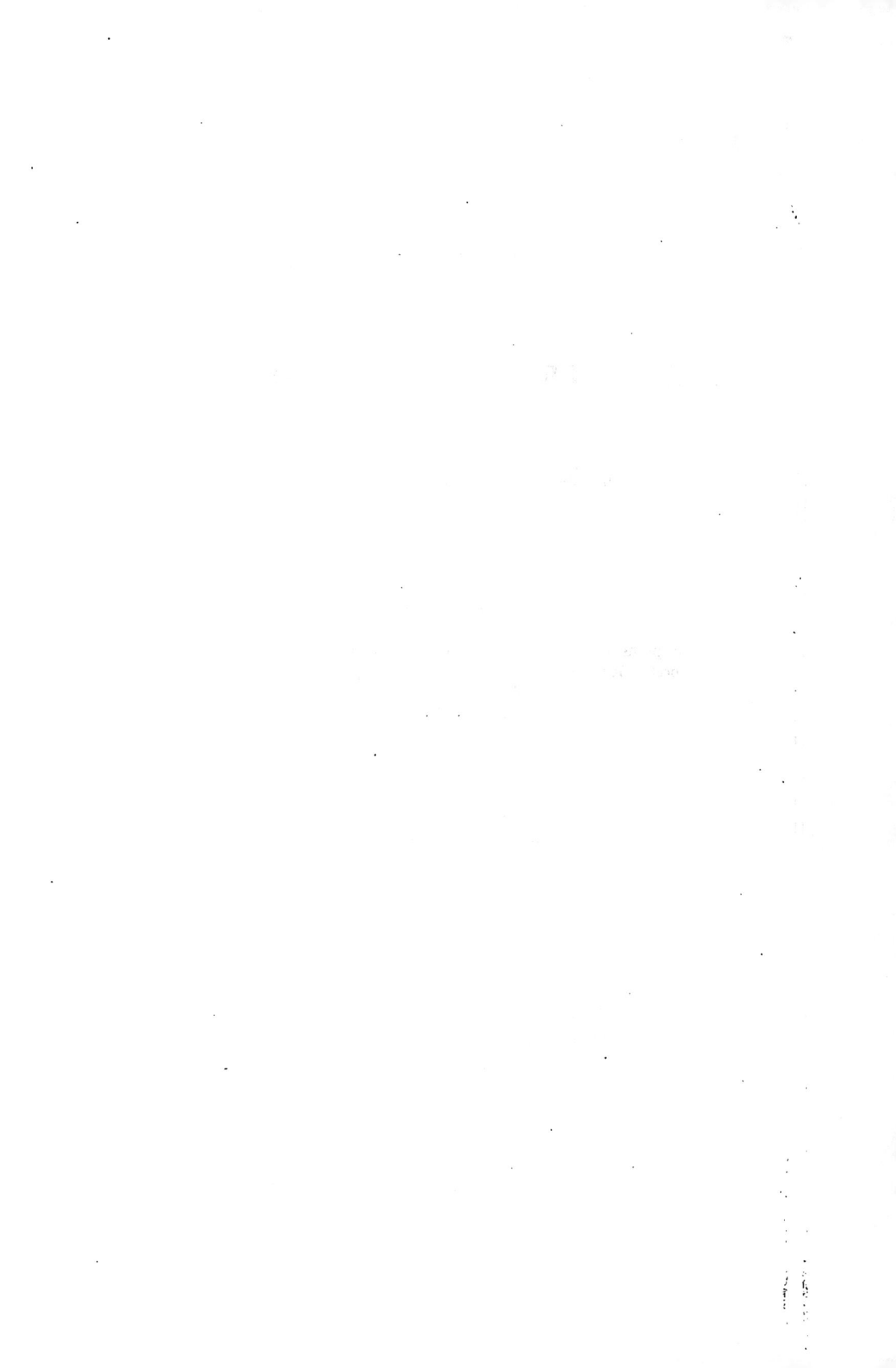

LOIS SUR LA PRESSE

DEPUIS LE 24 FÉVRIER 1848,

AVEC DES NOTES ET OBSERVATIONS;

PAR

M. CHASSAN,

Ancien premier Avocat-Général près la Cour d'Appel de Rouen,
Avocat à ladite Cour, Chevalier de la Légion-d'Honneur,
Membre de l'Académie des Sciences, Belles-Lettres
et Arts de Rouen.

PARIS.

VIDECOQ FILS AINÉ, ÉDITEUR,
LIBRAIRE DE LA COUR DE CASSATION,
1, rue Soufflot, près l'École de Droit.

1851.

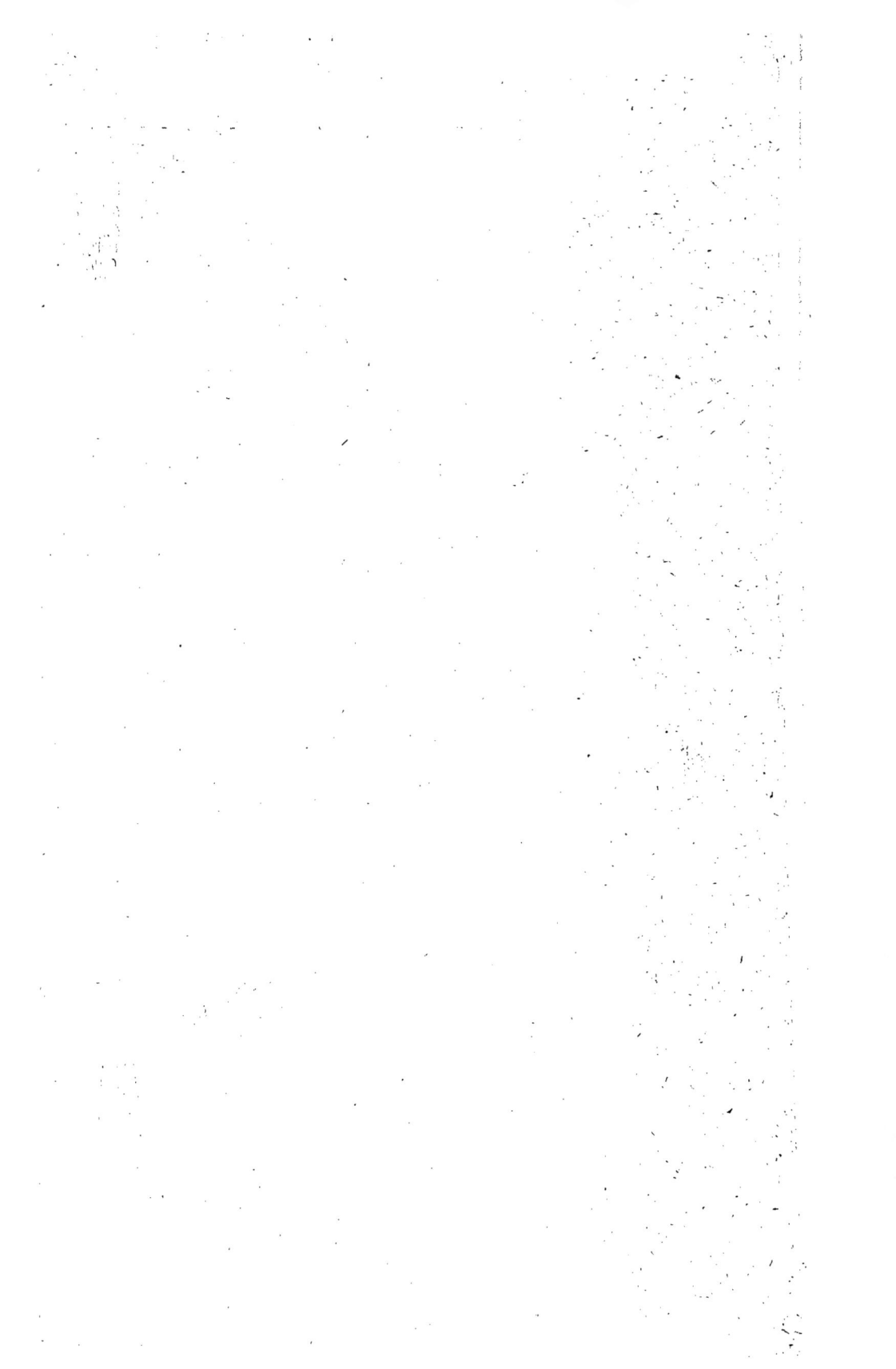

LOIS SUR LA PRESSE.

AVERTISSEMENT.

En publiant les lois et décrets promulgués depuis la révolution de 1848, je n'ai eu d'autre but que de compléter la deuxième édition de mon *Traité des Délits de la parole et de la presse*; mais je n'ai pas entendu faire une œuvre scientifique. Le moment serait mal choisi pour cela. Aussi me suis-je borné à joindre au texte officiel quelques notes et de fréquents renvois à la législation précédente, abolie d'abord en partie dans les premiers entraînements, restaurée ensuite et souvent aggravée, quand la réflexion est venue. J'ai dû suivre, par conséquent, l'ordre chronologique et le commentaire par articles. La forme du *Traité* ne pouvait convenir pour le moment à une pareille publication. Quant à l'esprit qui a présidé à ce travail, il est le même que celui qui a dicté le *Traité des Délits de la parole et de la presse*. Aujourd'hui comme autrefois, avocat ou magistrat, je n'ai cherché que la vérité juridique dans les solutions que j'ai données.

LOIS SUR LA PRESSE

DEPUIS LE 24 FÉVRIER 1848,

AVEC DES NOTES ET OBSERVATIONS;

PAR

M. CHASSAN,

Ancien premier Avocat-Général près la Cour d'Appel de Rouen,
Avocat à ladite Cour, Chevalier de la Légion-d'Honneur,
Membre de l'Académie des Sciences, Belles-Lettres
et Arts de Rouen.

———⋅⋅⋅———

PARIS.

VIDECOQ FILS AINÉ, ÉDITEUR,
LIBRAIRE DE LA COUR DE CASSATION,
1, rue Soufflot, près l'École de Droit.

——

1851.

1850

LOIS SUR LA PRESSE

DEPUIS LE 24 FÉVRIER 1848.

DÉCRET DU 29 FÉVRIER — 2 MARS 1848,

Contenant abolition des condamnations et poursuites pour faits politiques et de presse (1).

Le gouvernement provisoire de la république décrète :

Toutes condamnations pour faits politiques et pour faits de presse, sous le dernier règne, sont annulées. Toute poursuite commencée est abolie.

Tout détenu pour les faits dont il est question dans le présent décret sera mis immédiatement en liberté.

I. — Ce décret constitue un acte d'amnistie, émané du pouvoir législatif. Les effets d'un pareil acte peuvent être étendus jusqu'aux intérêts civils. Mais une pareille dérogation au droit de propriété ne saurait se présumer. A défaut d'une disposition formelle qui étende ses effets jusque-là, cet acte a anéanti seulement l'action publique et laissé subsister l'action civile. Le tribunal correctionnel reste saisi de l'action civile qui lui avait été régulièrement soumise en même temps que l'action publique. C. C. 19 mai 1848; J. P. 1848-2-222. — *Sic*, C. C. 9 février 1849; J. P. 1849-2-125.

C'est là un point de doctrine presque généralement reconnu. Mais il y a plus de divergence sur la question de savoir si le législateur peut étendre l'amnistie jusqu'à l'action privée et aux intérêts civils. La cour n'avait pas à résoudre cette question,

---

(1) Cet acte ne porte point de titre, pas plus que tous les autres actes émanés du gouvernement provisoire jusqu'au 22 mars 1848. A partir de ce jour, le *Bulletin des Lois*, n° 19, donne un titre aux actes qu'il publie.

controversée parmi les auteurs. Voyez dans le sens des deux arrêts ci-dessus, Legraverend, *Législ. crim.*, t. 2, p. 765 et suiv., Le Sellyer, n° 2162 bis et les auteurs qu'il cite. Dans le sens contraire, voyez Faustin Hélie, *Théorie du Code d'instruction criminelle*, t. 3, p. 771, 772.

II. — Après la révolution de juillet, il a été rendu deux ordonnances semblables au décret ci-dessus. Voyez ord. du 2 et du 26 août 1830.

—

ARRÊTÉ DU 29 FÉVRIER — 2 MARS 1848.

Déclaration relative à la perception de l'impôt (du timbre).

Le gouvernement provisoire déclare

Que tout système nouveau de politique doit se résumer dans un nouveau système de crédit et d'impôt;

Que le système de taxe de la république française doit avoir pour objet une répartition plus équitable des contributions publiques;

Que cette justice aura naturellement pour résultat d'améliorer la condition du peuple, et de diminuer les charges qui pèsent sur le travail;

Qu'il existe aujourd'hui des impôts dont la suppression est très-légitimement réclamée;

Qu'une des premières lois présentées à l'assemblée nationale sera un nouveau budget, où le gouvernement provisoire donnera satisfaction à des vœux qu'il partage, et notamment à ce qui touche les impôts indirects, l'octroi, le timbre de la presse périodique, et toutes les autres taxes qui frappent les subsistances du peuple et l'expression de la pensée.

Le gouvernement provisoire est résolu à proposer sincèrement à l'assemblée nationale un budget établi sur les principes qui précèdent.

Mais il croit de son devoir le plus rigoureux de rappeler aux citoyens que tout système d'impôt ne saurait être décidé par un gouvernement provisoire, qu'il appartient aux délégués de la nation tout entière de juger souverainement à cet égard ; que toute autre conduite impliquerait de sa part la plus téméraire usurpation ;

Il rappelle en outre que la république française, bien qu'elle soit héritière d'un gouvernement de prodigalité et de corruption, accepte et veut fermement tenir tous les engagements, rester fidèle à tous les contrats ;

Qu'au milieu des difficultés passagères, inséparables de toute grande commotion, il serait de la plus haute imprudence de diminuer les ressources du trésor ;

Qu'on risquerait ainsi de suspendre ou de compromettre les services les plus importants, qu'on pourrait encore moins songer à faire face aux événements dont la France et l'Europe peuvent être les témoins.

Par ces motifs, le gouvernement provisoire arrête :

Art. 1er. Tous les impôts, sans exception, continueront à être perçus comme par le passé.

2. Les bons citoyens sont engagés, au nom du patriotisme, à ne mettre aucun retard dans le payement de leurs taxes.

Art. 3. Le gouvernement provisoire s'engage à présenter à l'assemblée nationale un budget dans lequel seront supprimées les taxes sur le timbre de la presse périodique, l'octroi, le sel, et une loi qui modifiera profondément le système des contributions indirectes.

Sur le timbre des journaux, voyez ci-après le décret du 2 mars et celui du 4.

DÉCRET DU 29 FÉVRIER — 2 MARS 1848,

Relatif aux affiches et à la distribution d'écrits sans nom d'imprimeur.

Considérant que, dans les circonstances actuelles, la circulation des écrits dont personne ne répond donne lieu à des faux audacieux, et fournit aux ennemis du peuple des armes très-dangereuses ;

Le gouvernement provisoire de la république arrête :

Quiconque sera surpris affichant ou distribuant des écrits sans nom d'imprimeur sera passible des peines les plus sévères.

Ce décret reconnaît implicitement l'existence des lois qui exigent l'énonciation du nom de l'imprimeur sur les écrits qui sont publiés. Cf. à cet égard, pour la législation antérieure à la révolution de 1848, le décret du 5 février 1810, art. 41 et suivants ; la loi du 21 octobre 1814, art. 15 et suiv. ; le Code pénal, art. 283, et ce que j'ai dit sur ces dispositions dans mon *Traité des délits et contraventions de la parole, de l'écriture et de la presse*, 2ᵉ édition, t. 1, p. 45, 162, note 3, p. 520 à 522, 525, 529, 530, 532, 542, 555 à 561, 625, 626, 629, 630, 708, 709, et t. 2, p. 190, 468 à 472.

INSTRUCTION DU MAIRE DE PARIS (GARNIER-PAGÈS),

Sur le papier des affiches (1).

Le maire de Paris rappelle au public qu'aux termes

---

(1) Rapporté sans date dans la 2ᵉ partie de la collection du *Journal du Palais*, tome 2, p. 12; ne se trouve pas dans la collection de Duvergier. Voyez l'arrêté suivant du préfet de police Caussidière.

d'une ordonnance de police les placards de l'autorité sont les seuls qui doivent être imprimés *sur papier blanc*. Au milieu de l'innombrable quantité d'affiches qui couvrent les murs de Paris, il importe que le public puisse distinguer d'un coup d'œil celles qui émament officiellement de l'autorité. En conséquence, défense est faite à tout particulier, en vertu des règlements remis en vigueur, de faire aucun placard sur papier blanc.

Le délégué du maire de Paris à la police est chargé de l'exécution du présent.

Pour la législation antérieure, voyez décret du 22-28 juillet 1791; loi du 28 avril 1816, art. 65; loi du 25 mars 1817, art. 77; loi du 15 mai 1818, art. 76; loi du 16 juin 1824, art. 10; voyez aussi sur ces documents mon *Traité des Délits de la Parole et de la Presse*, 2ᵉ édition, tome 1, p. 534, 535, 536, 538; tome 2, p. 96, 97.

—

ARRÊTÉ DU PRÉFET DE POLICE (CAUSSIDIÈRE),

Concernant l'affichage dans Paris (1).

Le préfet de police,

Informé des contraventions journalières faites aux lois et règlements de police, concernant les affiches et les afficheurs;

Vu l'arrêté des consuls de la république du 12 messidor an VIII;

L'article 479 nᵒ 9 du Code pénal;

La loi du 22 mai 1791, qui prescrit l'affichage des actes de l'autorité dans les lieux exclusivement destinés à les recevoir;

(1) Rapporté sans date par la *Gazette des Tribunaux* des 27-28 mars 1848. Ce document ne se trouve ni dans la collection de Duvergier, ni dans celle du *Journal du Palais*.

Considérant qu'il importe que partout où sont apposés les actes de l'autorité publique, les affiches des particuliers ne soient pas confondues avec celles de l'administration publique, et que ces dernières ne soient pas immédiatement recouvertes par les placards des industries particulières ;

Ordonne ce qui suit :

Art. 1er. Il est interdit aux afficheurs et à toute personne, de déchirer, d'enlever ou de couvrir par des placards, les affiches apposées par ordre de l'administration publique, sous les peines portées par l'article 479 n° 9 du Code pénal.

Art. 2. Il est défendu pareillement de placarder les affiches des particuliers dans les lieux réservés à recevoir celles des décrets du Gouvernement et les actes de l'autorité publique, sous peine de 100 fr. d'amende (loi du 22 mai 1791).

Art. 3. Les afficheurs seront toujours tenus d'observer une distance de 20 mètres au moins entre l'affichage des placards des particuliers et les emplacements où se trouveront apposées des affiches émanées de l'autorité publique.

Art. 4. Ils ne devront placarder aucune affiche qu'elle ne porte le nom de l'auteur ou de l'imprimeur et qu'elle ne soit sur papier de couleur autre que la couleur blanche, réservée aux actes de l'autorité.

V. *suprà* le décret du 29 février —2 mars 1848, l'instruction du maire de Paris et la concordance.

Art. 5. En cas de contravention aux dispositions ci-dessus, les afficheurs seront conduits à la Préfecture de police.

Il sera dressé procès-verbal des délits et contraventions, qui seront déférés aux tribunaux compétents.

Art. 6. La présente ordonnance sera affichée dans Paris.

Le chef de la police municipale et les commissaires de police sont chargés d'en assurer l'exécution.

Les commandants de la garde nationale sont requis de leur prêter main-forte, au besoin.

—

ARRÊTÉ DU 2 — 4 MARS 1848 (1)

Portant que l'impôt du timbre sur les journaux sera suspendu dix jours avant les élections.

Le Gouvernement provisoire,

Considérant que les impôts, quels qu'ils soient, ne pourraient pas cesser d'être perçus sans porter atteinte à la rentrée particulière de toutes les contributions, et par conséquent à la tranquillité publique;

Qu'en ce qui concerne l'impôt du timbre relatif aux journaux, lequel continuera à être perçu à dater du 5 mars courant, il ne peut y avoir actuellement d'exception; mais que, sans porter atteinte à ce principe et dans un intérêt purement politique, il convient d'en suspendre l'exécution au moment où le peuple entier va, pour la première fois, exercer ses droits dans toute leur plénitude;

Le ministre des finances entendu,

Arrête :

L'impôt du timbre sur les journaux et écrits périodiques sera suspendu dix jours avant la convocation

---

(1) Cet acte est qualifié *arrêté* dans la collection de Duvergier, quoique signé des membres du gouvernement provisoire. La collection du *Journal du Palais* lui donne le nom de *décret*. Le *Bulletin des Lois* ne donne pas de qualification, mais on remarquera que le document se sert de cette formule *arrête* et non *décrète*.

des assemblées électorales, pour laisser aux élections la plus grande publicité possible.

Le ministre des finances est chargé de l'exécution du présent décret.

Ce décret a été immédiatement rapporté par un autre décret, rendu le jour même de sa publication, qui supprime le timbre sur les journaux. Voyez le décret qui suit.

—

DÉCRET DU 4—6 MARS 1848,

Sur le paiement des rentes par anticipation, l'établissement d'un comptoir d'escompte et la suppression du timbre sur les écrits périodiques (1).

Le Gouvernement provisoire à ses concitoyens.

La République, en même temps qu'elle garantit les droits de tous, est appelée à servir tous les intérêts; le premier sentiment du Gouvernement provisoire a été de soulager les souffrances si vives des citoyens que la bataille avait amenés dans les rues.

Des secours sont accordés aux blessés; les travaux publics ont repris leur cours dans toutes les administrations; des ateliers nationaux fournissent aujourd'hui du travail à plus de dix mille ouvriers. Pendant que nous nous efforçons à rendre le présent moins pénible, la Commission permanente du Gouvernement recherche les moyens de résoudre pour l'avenir les plus grands problèmes de l'industrie.

Grâce à ces premières mesures, la paix des rues s'est rétablie; mais la secousse d'une commotion aussi

---

(2) Ce mélange, dans un seul et même document, de plusieurs objets différents, n'ayant aucun rapport entre eux, est un signe infaillible de l'anarchie intellectuelle qui régnait alors. Nous allons en voir, dans l'acte qui suit, un autre exemple, et nous en trouverons même dans les lois de l'assemblée constituante. Voyez notamment ci-après la loi du 21—23 avril 1849.

forte laisse encore un certain ébranlement dans les esprits comme dans les intérêts.

Le petit commerce, qui n'a qu'un accès difficile à la Banque, a besoin qu'on étende jusqu'à lui le bienfait du crédit; le Gouvernement provisoire s'occupe de créer très prochainement pour lui un comptoir d'escompte.

La presse, cet instrument si puissant de civilisation, de liberté, et dont la voix doit rallier à la République tous les citoyens, la presse ne pouvait rester en dehors de la sollicitude du Gouvernement provisoire : résolu comme il l'est à maintenir tous les impôts pour acquitter les engagements et assurer le service de l'État, il ne pouvait considérer comme un simple revenu fiscal une taxe essentiellement politique. Le timbre des écrits périodiques ne saurait être continué à un moment où la prochaine convocation des assemblées électorales exige l'expression libre de toutes les opinions, de tous les sentiments, de toutes les idées. La pleine liberté de discussion est un élément indispensable de toute élection sincère.

Le Gouvernement provisoire, embrassant dans leur ensemble les intérêts les plus pressants, a décrété les mesures suivantes :

Art. 1er. Le ministre des finances est autorisé, par les considérations exposées dans son arrêté, à payer d'avance, et à dater du 6 mars à Paris, du 15 mars dans les départements, le semestre des rentes qui échoit seulement le 22.

2. Un comptoir d'escompte sera établi sous le titre de *Dotation du petit commerce.*

3. L'impôt du timbre sur les écrits périodiques est supprimé.

Concitoyens, le Gouvernement provisoire s'adresse à tous les contribuables avec une pleine confiance dans leur patriotisme. Les difficultés passagères de la situation ne lui inspirent aucune crainte; la France intelligente, la France unie est la plus riche et la plus forte des nations. La République, pour accomplir de grandes choses, n'aura pas besoin de l'argent qu'absorbait la monarchie pour en faire de misérables. Mais son action est l'action de tous; il faut que chacun serve la patrie dans la mesure de ses moyens; nous demandons aujourd'hui aux contribuables de payer d'avance l'impôt de l'année pour mettre le Gouvernement provisoire à même de secourir toutes les souffrances, de rendre l'activité à toutes les transactions, et de répandre les bienfaits du crédit à tous ceux dont le travail augmente les richesses.

Concitoyens, vous pouvez compter sur le dévouement inflexible du Gouvernement provisoire : laissez-lui l'orgueil de croire qu'il peut aussi compter sur vous.

—

DÉCRET DU 6-8 MARS 1848,

Qui abroge la loi du 9 septembre 1835 sur la presse, quelques articles de celle du même jour sur les cours d'assises, et divers articles du Code d'instruction criminelle.

Le gouvernement provisoire de la république,

Sur le rapport du ministre de la justice,

Considérant que les lois de septembre, violation flagrante de la constitution jurée, ont excité, dès leur présentation, la réprobation unanime des citoyens;

Considérant que la loi du 9 septembre 1835 sur les

crimes, délits et contraventions de la presse et des autres moyens de publication, est un attentat contre la liberté de la presse ; qu'elle a inconstitutionnellement changé l'ordre des juridictions, enlevé au jury la connaissance des crimes et des délits de la presse, appliqué, contre tous les principes du droit, à des faits appelés contraventions, les peines qui ne doivent frapper que les délits ;

Considérant que, dans la loi du même jour sur les cours d'assises, plusieurs dispositions sont à la fois contraires à la liberté ou à la sûreté de la défense, et à tous les principes du droit public ; que la condamnation par le jury à la simple majorité est une disposition que réprouvent à la fois la philosophie et l'humanité, et qui est en opposition complète avec tous les principes proclamés par nos diverses assemblées nationales,

Décrète :

Art. 1er. La loi du 9 septembre 1835 sur les crimes, délits et contraventions de la presse et des autres moyens de publication, est abrogée.

La loi abrogée par cet article a été l'objet d'un examen général dans mon *Traité des délits de la Parole et de la Presse.* Je l'ai appréciée, au point de vue de la pénalité, dans le tome 1er, p. 169 et suiv., n° 220 et suiv., et au point de vue de la compétence de la chambre des pairs pour certains crimes commis par la voie de la presse, dans le tome 2, p. 701 et suiv., n° 2459 et suivants. Je ne crains pas, aujourd'hui, de proposer aux hommes du jour la lecture du jugement impartial que j'en ai porté. Je n'ai rien à retirer ni à modifier à cet égard. Mon opinion est ce qu'elle était alors. Au surplus, l'abrogation entière de cette loi a été un acte tout à fait inintelligent et sans nécessité. Les articles relatifs aux offenses contre le roi et à la compétence de la chambre des pairs pour certaines infractions de la presse, étaient ceux qui avaient surtout excité de violentes attaques contre le gouvernement ; ces articles se trouvaient abrogés par le fait même de la révolution. Mais il y avait dans

cette loi des dispositions répressives qu'il ne fallait pas suppri-
mer. On a été obligé, plus tard, de les rétablir, soit sous l'administration du général Cavaignac, soit sous la présidence de
Louis-Napoléon Bonaparte. Je signalerai les dispositions particulières que la république a empruntées à cette loi, à mesure que
l'ordre chronologique les présentera à mon examen. Il me suffit
d'indiquer ici, pour le moment, la loi du 11-12 août 1848 et celle
du 27-29 juillet 1849, rapportées plus loin à leur date.

2. Jusqu'à ce qu'il ait été statué par l'assemblée nationale constituante, les lois antérieures relatives aux délits et contraventions en matière de
presse, sont exécutées dans les dispositions auxquelles
il n'a pas été dérogé par les décrets du gouvernement
provisoire.

I. — Cet article maintient toutes les lois antérieures au décret
en matière de presse, telles que les lois de 1814, 1819, 1822,
1828, à l'exception des lois sur le timbre des journaux qui, avant
ce décret, avaient toutes fait l'objet d'une abrogation spéciale,
et sauf, bien entendu, les dispositions des lois antérieures incompatibles avec le nouvel ordre de choses ; telles que celles
qui punissent les attaques contre le roi, la reine, le régent, la
famille royale, la chambre des pairs, etc. Dans la tourmente
qui le pressait, le gouvernement provisoire a encore eu la présence d'esprit de formuler cette sage et conservatrice disposition ; il faut lui en savoir gré.

II. — Les articles 7 et 16 de la loi du 25 mars 1822, sur le délit
d'infidélité dans le compte-rendu des audiences, se trouvent
maintenus par cet article. Voyez ci-après, à l'occasion du préambule du décret du 11 août 1848 et sur l'art. 83 de la Constitution.

III. — L'art. 2 a laissé exister, notamment, l'art. 4 de la loi du
25 mars 1822, qui punit l'excitation à la haine et au mépris du
gouvernement. En ce qui concerne les mots *du roi*, écrits
dans la loi de 1822, il importe peu que le texte de l'art. 4 n'ait
été rectifié à cet égard que par la loi du 11-12 août 1848. Les
écrits publiés avant cette dernière loi ne sont pas moins punis-
sables en vertu de la loi de 1822, dont l'art. 4 a été maintenu
par l'art. 2 du décret du 6-8 mars 1848. Cour d'assises de Paris,
26 octobre 1848 ; affaire du *Peuple constituant* ; G. T. 27.

Sur l'art. 4 de la loi de 1822, Cf. ci-après, l'art. 4 de la loi du
11-12 août 1848, et mon *Traité des délits de la parole et de la
presse*, 2e édition, t. 1, p. 259, 279 à 288, et t. 2, p. 402, 403.

IV. — Même décision par la même cour d'assises, à raison
du délit de provocation à la guerre civile. Sur ce délit, Cf. mon

Traité des délits de la Parole et de la Presse, t. 1, p. 201, 321 à 325, 333, 334 à 341.

V.— Cet article 2 maintient l'art. 2 de loi du 26 mai 1819. La nécessité de l'autorisation des chambres législatives, pour la poursuite des affaires les concernant, est également exigée à l'égard des offenses contre l'assemblée nationale. C. C. 15 novembre 1849, cassation de Bordeaux, 3 septembre 1849; G. T. 19-20.

VI.— Il en est de même pour l'art. 15 de loi du 25 mars 1822 qui détermine la répression de l'offense par les chambres elles-mêmes. Arrêt précité.

VII. — Ce décret, loin d'abolir la distinction entre les attaques contre la vie privée et celles contre la vie publique d'un fonctionnaire, ne fait que maintenir et confirmer ce principe et respecte la différence de juridiction pour chacune de ces attaques. Trib. correctionnel de Lyon, 14 février 1849; maréchal Bugeaud, C. le *Peuple souverain* (G. T. 21). Ce jugement a été confirmé sur l'appel, et le pourvoi contre l'arrêt de la cour de Lyon a été rejeté par la cour de cassation, le 19 avril 1849 (G. T. 21). *Sic*, implicitement, C. C. 1er mars 1849, rejet d'un arrêt de la chambre d'accusation de Douai du 30 décembre 1848 (G. T. 2 mars). Cf. ci-après l'art. 83, § 2 de la Constitution du 4 novembre 1848 et mon *Traité des délits de la Parole et de la Presse*, t. 2, p. 154, n° 1367, et p. 155, n° 1369.

VIII.—Cet article maintient aussi la juridiction correctionnelle sur les attaques injurieuses contre les particuliers, et spécialement contre les notaires. Voyez sur l'article 1er du décret du 22-29 mars 1848, mes observations, p .17 , n° 3.

3. Sont abrogés les art. 4, 5, 7 de la loi du 9 septembre 1835 sur les cours d'assises, le quatrième paragraphe de l'article 341 du Code d'instruction criminelle, l'article 347 du même Code, tels qu'ils ont été rectifiés par la loi du 9 septembre 1835 sur la rectification des art. 341, 345, 346, 347 et 352 du Code d'instruction criminelle et de l'art. 27 du Code pénal.

4. La condamnation aura lieu à la majorité de neuf voix; la décision du jury portera ces mots : *Oui, l'accusé est coupable à la majorité de plus de huit voix,* à peine de nullité.

5. La discussion dans le sein de l'assemblée du jury avant le vote est de droit.

DÉCRET DU 22-29 MARS 1848,

Relatif au jugement des délits commis par la voie de la presse ou par tout autre moyen de publication, contre les fonctionnaires publics, ou contre tout citoyen revêtu d'un caractère public (1).

Le gouvernement provisoire de la république française,

Sur le rapport du ministre de la justice,

Considérant que les fonctions publiques sont exercées sous la surveillance et le contrôle des citoyens; que chaque citoyen a le droit et le devoir de faire connaître à tous, par la voie de la presse ou par tout autre moyen de publication, les actes blâmables des fonctionnaires ou des personnes revêtues d'un caractère public, sauf à répondre légalement de la vérité des faits publiés;

Considérant que le débat entre le fonctionnaire et le citoyen touche nécessairement à des intérêts publics, et ne peut dès lors être jugé que par le jury; que si un préjudice, un dommage résulte d'une attaque déclarée injurieuse ou diffamatoire, c'est la cour d'assises seule qui doit prononcer;

Considérant que la charte de 1830 avait exclusivement attribué au jury la connaissance de ces délits; que la jurisprudence qui s'était établie, autorisant l'action civile devant les tribunaux ordinaires, indépendante de l'action devant le jury, n'était qu'une entrave nouvelle à la liberté de la presse et une cause de ruine pour les journaux et pour les citoyens courageux,

Décrète :

Art. 1er. Les tribunaux civils sont incompétents

_____

(1) Ce titre est celui que donne le *Bulletin des lois*, N. 19.

pour connaître des diffamations, injures ou autres attaques dirigées par la voie de la presse ou par tout autre moyen de publication, contre les fonctionnaires ou contre tout citoyen revêtu d'un caractère public, à raison de leurs fonctions ou de leur qualité; ils renverront devant qui de droit toute action en dommages-intérêts fondée sur des faits de cette nature.

I. — Avant la révolution de 1848, la compétence des tribunaux civils pour tous les délits commis par la voie de la presse ou tout autre moyen de publication, contre des fonctionnaires publics à raison de faits relatifs à leurs fonctions, avait été l'objet de vives controverses dans les journaux et les Revues. Mais la jurisprudence des cours et tribunaux, celle de la cour de cassation notamment, n'avait jamais varié. Il avait constamment été jugé que, sous l'empire de la législation alors existante, les tribunaux civils étaient compétents. On peut voir à cet égard les raisons invoquées dans l'un et l'autre système, et les arrêts intervenus sur la question dans mon tome 2, p. 202 et suiv., n° 1439 et suiv. de la 2ᵉ édition, où j'ai donné sur cette question tous les développements dont elle était susceptible. Depuis cette 2ᵉ édition, il est intervenu dans le même sens plusieurs décisions; voyez notamment Douai, 12 août 1845 (J. P. 1846-1-148); — Rouen, 20 novembre 1845, Bourdon, C. le *Censeur normand*, conformément à mes conclusions (J. P. 1845-2-649), — Pau, 21 novembre 1845, Achille Marrast, C. les juges d'Orthez (G. T. 24, 25 et 26 novembre); — C. C. 22 juin 1846, req. rejet (G. T. 24 juin, 6-7 juillet); — Trib. civil de Rouen, 29 janvier 1847; Bézuel, C. Lasne et autres (*Mémorial de Rouen*, 30); —C. C. 5 mai 1847, sec. civ., rejet du pourvoi contre l'arrêt de Pau ci-dessus, contrairement aux conclusions de M. Dupin (G. T. 4, 5, 6 et 13);— C. C. 8 janvier 1848 (G. T. 9).

On voit que la cour suprême n'a cessé, la veille même de la révolution de février, de persévérer dans cette jurisprudence, malgré l'autorité de M. Dupin et l'opinion de M. Faustin Hélie (*Revue de législation* de Wolowski, 1846, t. 2, p. 129 et suiv., et p. 257 et suiv.). On peut voir encore dans ce dernier sens l'opinion de M. Ballot, insérée dans la *Revue du Droit français et étranger*, t. 4, p. 759.

Le décret précité du gouvernement provisoire est venu mettre un terme à la controverse des auteurs, en renversant cette jurisprudence. Mais ce décret prouve par cela même qu'elle était parfaitement juridique, puisqu'il a fallu un acte du pouvoir législatif-dictatorial pour la renverser. Ce pouvoir n'a pas même osé rendre une loi interprétative. Il a bien senti que la jurisprudence était conforme à la loi existante au moment où les arrêts étaient rendus, car le décret du 22-29 mars est, dans son texte comme dans son esprit, une loi entièrement nouvelle qui régit seulement l'avenir, sans pouvoir influer sur le passé. Aussi, depuis la promulgation de ce décret, la cour de cassation a-t-elle rejeté les pourvois formés contre les arrêts rendus avant l'existence de cet acte, par le motif qu'il n'a pas le caractère d'une loi interprétative et qu'il est introductif d'un droit nouveau. C. C. 20 décembre 1848, req. rejet (G. T. 21 ; J. P. 1849-1-156); id., 17 janvier 1849, req. rejet (G. T. 18). Ces arrêts honorent le courage de la cour suprême, placée cependant dans une situation bien précaire, puisque le sort de la magistrature n'était point encore fixé.

II. — Avant le décret du 22 mars 1848, j'avais enseigné que la réparation du préjudice commis, non par un fait qualifié délit, mais par un fait ou un écrit qui n'avait que le caractère d'un quasi-délit contre un fonctionnaire, à raison d'un acte relatif à ses fonctions, pouvait être poursuivie devant les tribunaux civils. Cela ne pouvait faire alors la moindre difficulté. Voyez mon t. 2, p. 201, n° 1438. La cour de cassation l'a ainsi jugé depuis la promulgation du décret précité, mais dans une affaire qui avait pris naissance antérieurement. Cette cour a décidé que pour donner lieu à une réparation devant les tribunaux civils, il suffisait que l'écrit fût de nature à causer un dommage au fonctionnaire qui s'en plaignait, sans qu'il fût nécessaire que l'action fût fondée sur un fait ayant le caractère d'un délit. C. C. 2 août 1849, req. rejet (G. T. 3).

En doit-il être de même aujourd'hui? Le titre du décret semble n'être relatif qu'au *jugement des* DÉLITS. Dans les considérants qui servent de motif à ce document, il semble aussi qu'on n'ait eu en vue que *le dommage résultant d'une attaque déclarée* INJU-RIEUSE *ou* DIFFAMATOIRE. Ce document ajoute que *la charte de* 1830 *avait exclusivement attribué au jury la connaissance de ces* DÉLITS. Cependant le dispositif du décret a affecté de déclarer l'incompétence des tribunaux civils *pour connaître des diffamations, injures* OU AUTRES ATTAQUES, dirigées par la voie de la presse ou par tout autre moyen de publication, contre les fonctionnaires ou contre tout citoyen revêtu d'un caractère public, à raison de leurs fonctions ou de leur qualité. Mais il est évident que les réparations, à raison d'une attaque contre un fonctionnaire, pour des faits relatifs à ses fonctions, alors que cette attaque n'a pas dégénéré en délit qualifié, comme une injure, une diffamation, un outrage, peuvent toujours être poursuivies aujourd'hui devant les tribunaux civils, car les cours d'assises seraient incompétentes pour connaître d'un fait qui n'aurait pas le caractère d'un crime ou d'un délit. Cette interprétation est conforme au décret, malgré les termes assez équivoques du dispositif.

III. — Le décret n'a ni abrogé, ni modifié l'art. 14 de la loi du 26 mai 1819 qui défère aux tribunaux correctionnels les diffamations écrites ou imprimées contre les particuliers. Ces diffamations, alors même qu'elles sont commises par la voie de la presse contre un notaire, à raison d'un acte de sa profession, restent soumises, comme avant ce décret, à la juridiction correctionnelle. C. C. 17 août 1849, rejet d'un pourvoi contre un arrêt de la cour de Poitiers du 18 mars 1849 (G. T. 19 août). L'art. 1er du décret ordonne de renvoyer *devant qui de droit*. L'art. 2 du décret précédent du 6-8 mars 1848 maintient les lois antérieures, à l'exception de la loi du 9 septembre 1835. Il suit évidemment de là que l'art. 14 de la loi du 26 mai n'a pas été le moins du monde ébranlé par la nouvelle législation. Cet art. 14 reste applicable, comme il l'était avant la révolution de février. A cette époque, les diffamations imprimées contre les notaires étaient déclarées justiciables des tribunaux correctionnels, malgré le titre de fonctionnaires que la loi de ventôse an XI leur donne ; car la peine applicable à ces diffamations est celle qui régit les attaques de ce genre dirigées contre les simples particuliers. Voyez mon t. 1er, p. 441, note 2, et mon t. 2, p. 162, no 1374. Depuis la publication de la 2e édition, indépendamment de l'arrêt ci-dessus cité, on peut voir dans le même sens, en ce qui concerne les notaires, un arrêt de Riom du 13 novembre 1846 (J. P. 1847-1-604).

IV. — Sur les diffamations qui atteignent le fonctionnaire dans sa vie publique et dans sa vie privée, voyez ci-devant, p. 13, décret du 6-8 mars 1848, art. 2, observation VII.

V. — Sur le maintien de l'art. 19 de la loi du 26 mai 1819, voyez ci-après mes observations sur le § 3 de l'art. 17 de la loi du 27-29 juillet 1849.

2. L'action civile résultant des délits commis par la voie de la presse ou par toute autre voie de publication, contre les fonctionnaires ou contre tout citoyen revêtu d'un caractère public, ne pourra, dans aucun cas, être poursuivie séparément de l'action publique; elle s'éteindra de plein droit par le seul fait de l'extinction de l'action publique.

Cette disposition est encore introductive d'un droit nouveau. Elle est, quant à la durée de l'action civile, la conséquence de celle qui interdit de porter les affaires pour délits d'outrage ou de diffamation contre les fonctionnaires devant les tribunaux civils; car l'un des arguments invoqués en faveur de cette compétence était tiré précisément de la durée de l'action civile, qui pouvait être exercée pendant trois ans, tandis que l'action publique s'éteint par un laps de temps de six mois. Voyez sur la durée de l'action civile, la loi du 26 mai 1819, art. 29; la loi du 9 juin 1819, art. 9, et mon *Traité des délits de la Parole et de la Presse*, 2ᵉ édition, t. 2, p. 68 et suiv., n° 1220 et suiv., et p. 93 et suiv., n° 1261 et suiv. La disposition nouvelle démontre de plus en plus la juridicité de la jurisprudence relative à la compétence des tribunaux civils. On a compris qu'il fallait, à cet égard, changer le droit ancien. Mais il suffisait de dire que l'action civile aurait désormais la même durée que l'action publique. Je ne sais pourquoi on a dit en même temps qu'elle ne pouvait être poursuivie séparément. Ainsi, il dépendrait du ministère public d'empêcher l'exercice de l'action civile, même devant les tribunaux correctionnels. Cela a besoin d'explications, et j'avoue que j'ai peine à croire qu'on ait voulu interdire l'action civile devant les tribunaux correctionnels sans le consentement, l'adhésion et le concours du ministère public, comme cela a lieu en ce qui concerne les cours d'assises. On a sans doute voulu dire que l'action civile ne pourra être poursuivie qu'autant que l'action publique pourra l'être. C'est dans ce dernier sens que la pratique a jusqu'à présent exécuté cette disposition.

DÉCRET DU 2-4 MAI 1848,

Concernant la liberté de la presse aux colonies.

Le gouvernement provisoire,

Considérant que la liberté de la presse est le premier besoin d'un pays libre;

Que les colonies sont appelées désormais à jouir de tous les droits publics de la nation;

Que si les sociétés coloniales, en présence de l'esclavage, redoutaient la libre discussion, elles doivent être affranchies de toute oppression de la pensée, comme de toute servitude de l'homme,

Décrète :

Art. 1ᵉʳ. La censure des journaux et autres écrits, confiée à l'autorité administrative par les articles 44 et 49 de l'ordonnance organique du 9 février 1827 (1), est abolie.

A l'avenir, tous les journaux pourront être imprimés et publiés sans autorisation préalable, et ne pourront être suspendus ou révoqués administrativement.

Tous écrits non condamnés par les tribunaux pourront être librement introduits dans les colonies.

Art. 2. Sont exécutoires aux colonies, jusqu'à ce qu'il ait été statué par l'assemblée nationale, et sous les modifications résultant des décrets du gouvernement provisoire, les lois et ordonnances concernant la police de la presse et de l'imprimerie, la répression et la poursuite des crimes, délits ou contraventions commis par la voie de la presse ou autres moyens de publication des journaux ou écrits périodiques.

Art. 3. Néanmoins, les dispositions des lois incompatibles avec l'organisation judiciaire actuelle des colonies resteront sans effet. Les cours d'appel, jugeant correctionnellement, connaîtront des simples contraventions. Les cours d'assises, composées conformément à l'article 67 de l'ordonnance organique du 24 septembre 1828 (2), connaîtront de tous crimes et délits commis par la voie de la presse ou tous autres moyens de publication. L'art. 176 de l'ordonnance du 24 septembre 1828 est abrogé.

Seront aptes à faire partie du collège des assesseurs tous citoyens éligibles à l'assemblée nationale.

(1) viiiᵉ série, Bull. 169, n° 6427.
(2) viiiᵉ série, Bull. 268, n° 10,276.

Art. 4. Le ministre de la marine et des colonies est chargé de l'exécution du présent décret.

—

DÉCRET DU 24 JUIN — 5 JUILLET 1848,

Par lequel l'assemblée nationale se maintient en permanence, met Paris en état de siége et délègue les pouvoirs exécutifs au général Cavaignac.

Art 1er. L'assemblée nationale se maintient en permanence.

2. Paris est mis en état de siége

3. Tous les pouvoirs exécutifs sont délégués au général *Cavaignac.*

Cf. ci-après le décret du 13-14 juin 1849 et les arrêtés des 27 juin, 6, 21 et 24 août 1848 et juin 1849.

—

ARRÊTÉ DU 25 JUIN — 5 JUILLET 1848 (CAVAIGNAC),

Qui défend toutes affiches traitant de matières politiques et n'émanant pas de l'autorité.

Vu le décret de l'assemblée nationale déclarant que la ville de Paris est mise en état de siége,

Nous, commandant supérieur de toutes les forces militaires de la capitale, en vertu des pouvoirs qui nous sont conférés par le même décret,

Arrêtons ce qui suit :

Art. 1er. Toutes affiches traitant de matières politiques, et n'émanant pas de l'autorité, sont defendues jusqu'au rétablissement de la tranquillité publique.

2. Toutes les autorités civiles et militaires tiendront la main à l'exécution du présent arrêté.

I. En défendant les affiches traitant de matières politiques et n'émanant pas de l'autorité, cet arrêté ne fait que poursuivre l'exécution d'une loi existante, celle du 10 décembre 1830, dont l'art. 1er contient la même prohibition. Cette dernière loi permet seulement aux particuliers l'affichage des actes de l'autorité publique.

La loi de 1830, pour être appliquée, devait-elle être remise en vigueur par l'arrêté dont il s'agit? avait-elle besoin du baptême républicain, du moins en ce qui concerne son article 1er? Je ne le pense pas, quoique la dernière partie de l'art. 1er de l'arrêté du général Cavaignac semble faire présumer le contraire. Cet article limite la prohibition *jusqu'au rétablissement de la tranquillité publique*. Mais cet arrêté n'est pas une loi. Le général Cavaignac n'avait reçu que la délégation des pouvoirs exécutifs. Il n'avait donc pas le droit d'abroger une loi existante, car l'art. 2 du décret du 6 mars 1848 l'avait comprise dans le maintien général de toutes les lois antérieures, prononcé par le gouvernement provisoire, qui s'était arrogé la plénitude des pouvoirs législatifs. Le général Cavaignac ne pouvait que rappeler et poursuivre l'exécution de la loi de 1830. La révolution de février, d'ailleurs, a bien pu, dans les premiers moments, laisser dormir certaines lois, mais ces lois ont repris leur force à mesure que l'ordre matériel a commencé à se rétablir, à moins qu'elles ne se soient trouvées frappées d'incompatibilité avec les nouvelles institutions, condition qui n'existe pas à l'égard de l'art. 1er de la loi du 10 décembre 1830. Cf. sur l'art. 1er de la loi de 1830 ce que je dis dans mon tome 1er, pages 700, 701, 702, nos 1036, 1037, 1038.

Lors de la discussion de la loi du 21-23 avril 1849, qu'on trouvera ci-après, il a été reconnu que la loi de 1834 sur les crieurs et distributeurs publics n'avait pas cessé d'exister. On a dit qu'on entendait rendre la liberté au colportage et à l'affichage pendant les quarante-cinq jours qui précèdent les élections. Il suit de là que, en dehors de ce temps, le colportage et l'affichage demeurent soumis aux lois antérieures. Voyez ci-après les articles 2 et 3 de la loi du 21-23 avril 1849 et l'arrêté du préfet de police, M. Ducoux, en date du 19 août 1848, lequel rappelle l'exécution de la loi du 16 février 1834, relative aux crieurs, vendeurs et distributeurs d'écrits et imprimés sur la voie publique.

II. Mais les autres articles de la loi de 1830, concernant es autres conditions de l'affichage, sont-ils demeurés en vigueur? Oui, sans doute. Ce que je viens de dire me dispense d'entrer à cet égard dans aucune explication, et je dois me borner à renvoyer à la loi déjà citée du 21-23 avril 1849, qu'on trouvera ci-après. Sur les conditions imposées par la loi de 1830 relativement à l'affichage, voyez mon tome 1er, pages 702 à 706, nos 1039 à 1050.

ARRÊTÉ DU 26 JUIN — 5 JUILLET 1848 (CAVAIGNAC),

Portant que tous les afficheurs seront tenus de poser les affiches signées du chef du pouvoir exécutif ou du président de l'assemblée nationale.

Le chef du pouvoir exécutif,

Vu le décret du 24 juin 1848,

Et attendu que tout citoyen légalement requis pour un service public doit obéissance à l'autorité,

Ordonne que tous les afficheurs qui seront requis par les agents et dépositaires de l'autorité publique seront tenus d'apposer immédiatement les affiches signées du chef du pouvoir exécutif ou du président de l'assemblée nationale.

Cf. l'art. 475, n° 12 du code pénal.

ARRÊTÉ DU 27 JUIN 1848 (CAVAIGNAC),

Portant suspension de plusieurs journaux.

I. Le texte de cet arrêté n'a été publié ni dans la collection de Duvergier, ni dans celle du *Journal du Palais*, ni dans la *Gazette des Tribunaux*, ni dans le *Bulletin des Lois*. On le trouve visé dans l'arrêté du 6 août, ci-après rapporté, qui lève cette suspension et dont le texte a été donné par la *Gazette des Tribunaux*. L'existence de l'arrêté de suspension à la date indiquée est incontestable; elle résulte de l'arrêté du 6 août; elle est d'ailleurs attestée par une note officielle communiquée à plusieurs journaux et dont la *Gazette des Tribunaux* du 27 juin a reproduit le texte, en ces termes :

« Quelques journaux ont annoncé que M. Emile de Girardin avait été arrêté et que les scellés avaient été apposés sur les presses de son journal.

« Le fait est vrai; mais il faut ajouter que dix autres journaux ont également cessé de paraître et que leurs presses ont aussi été mises sous scellés.

« Ces journaux ainsi frappés, sans acception d'opinion, mais dont la rédaction était de nature à prolonger la lutte qui a ensanglanté la capitale, sont : la *Liberté*, la *Révolution*, la *Vraie République*, l'*Organisation du Travail*, l'*Assemblée nationale*, le *Napoléon républicain*, le *Journal de la Canaille*, le *Lampion*, le *Père Duchêne*, le *Pilori* et la *Presse*. »

Parmi les journaux suspendus, on remarque particulièrement l'*Assemblée Nationale*, le *Lampion* et la *Presse*, qui étaient loin de sympathiser avec l'insurrection, car ils l'avaient dénoncée et leurs rédacteurs avaient pris les armes pour la combattre. Mais ces journaux étaient alors considérés comme partisans, soit de la branche cadette, soit de la branche aînée des Bourbons, et le pouvoir qui régnait en ce moment semblait croire que ces deux opinions politiques pouvaient n'être pas étrangères à l'insurrection, soupçon que rien n'a jamais justifié.

II. La suspension des journaux, par une simple mesure du pouvoir exécutif, était inconnue dans la législation antérieure à la révolution de février. Seulement, une fois ou deux, sous le feu de ces terribles émeutes qui éclatèrent si fréquemment sous la monarchie de juillet, on avait vu l'autorité judiciaire ou préfectorale faire apposer les scellés sur les presses de quelques journaux poursuivis judiciairement. Mais ces mesures de salut public, prises dans un moment de lutte, cessaient aussitôt après le combat. L'insurrection du mois de juin 1848, et plus tard celle de juin 1849, ont donné à ces mesures un caractère de durée et de permanence qu'elles n'avaient jamais atteint auparavant.

III. La suspension, ordonnée par un arrêté, ne doit pas être confondue avec celle qui était permise à l'autorité judiciaire par l'art. 12 de la loi du 9 septembre 1835 et qui devait être prononcée par jugement, avec une durée ne pouvant excéder deux ou quatre mois. Cette disposition est aujourd'hui abrogée comme toute la loi elle-même. (Mais voyez ci-après l'article 15 de la loi du 27 juillet 1849). Toutefois l'art. 15 de la loi du 18 juillet 1828 continue d'exister, ainsi que cela résulte de l'art. 2 du décret du 6-8 mars 1848. Cela a été d'ailleurs formellement reconnu par M. Huré, représentant du peuple, dans son rapport à l'assemblée constituante au sujet d'une proposition de M. Xavier Durrieu, relative au droit de suspension des journaux. Cette proposition avait pour but de faire décider que, dans aucun cas, même durant l'état de siége, aucun journal ne pouvait être suspendu. M. Huré disait : « Le droit com- « mun exclut, en thèse générale, la suspension des journaux, et « ne l'autorise que dans le cas purement exceptionnel de la réci- « dive, en vertu de l'art. 15 de la loi du 18 juillet 1828... quant à la « disposition de l'art. 15 de la loi du 18 juillet 1828 qui se trouve- « rait abrogée par la proposition du citoyen Xavier Durrieu, c'est « dans la refonte générale des lois de la presse qu'il y aura lieu « de soumettre cette disposition à l'examen législatif. » (G. T. 20 septembre 1848.) Le rapport concluait à la question préalable, qui fut adoptée. Cet article a d'ailleurs été formellement maintenu par l'art. 15 de la loi du 27 juillet 1849, qui en a étendu l'application. Cf. sur l'art. 15 de la loi du 18 juillet 1828, le tome 1er de mon

Traité des délits de la Presse, 2ᵉ édition, pages 168, 175, 179 à 181, 638; tome 2, page 197, et ci-après mes observations sur l'article 15 de la loi du 27 juillet 1849.

IV. — La légalité des arrêtés de suspension rendus par le général Cavaignac, pendant la durée de l'état de siége, a été contestée. Ces arrêtés sont au nombre de trois. Ils ont été rendus à des époques différentes et assez éloignées l'une de l'autre; le premier est à la date du 27 juin; le deuxième a été rendu le 21 août; il s'applique à plusieurs journaux; le troisième a eu lieu le 24; il suspend la *Gazette de France* seulement (voyez ci-après ces deux derniers arrêtés. A l'occasion des arrêtés des 21 et 24 août, un représentant, M. Crespel de Latouche, avait fait une proposition tendant à déclarer qu'aux tribunaux seuls appartenait, même en temps d'état de siége, de réprimer les délits de la presse. M. Crespel de Latouche demandait à l'assemblée de déclarer que le maintien de l'état de siége n'impliquait pas au profit du pouvoir exécutif le droit de suspension, ce qui, tout en réglementant l'avenir, semblait emporter un blâme pour le passé. Lorsqu'il fallut voter sur l'urgence de la proposition, le général Cavaignac dit que si la proposition avait pour but de jeter un blâme sur les arrêtés de suspension pris jusqu'à ce jour par le pouvoir exécutif, il était prêt à la combattre; mais que dès que tel n'était pas le caractère de la motion, le gouvernement n'avait plus rien à dire. M. Crespel de Latouche, en effet, n'a pas attaqué ces arrêtés (Séance du 30 août 1848). L'assemblée ayant renvoyé la proposition au comité de législation, M. Charamaule a été chargé de faire le rapport. Il a examiné la proposition au double point de vue du passé et de l'avenir : « Au point de vue « du passé, le comité n'a point pensé, a dit le rapporteur, qu'il « fût nécessaire d'entrer dans une discussion juridique sur les « effets et sur la portée de la législation sur l'état de siége. Il « suffit de dire, en se reportant au 24 juin, qu'il y eut entre l'as- « semblée et le général Cavaignac, quels que fussent les termes « du décret qui déclara Paris en état de siege, une pensée com- « mune; celle de sauver le pays. En tous cas, le général et l'as- « semblée ne cessaient pas d'être en présence.

« Tout ce que le chef du pouvoir exécutif a cru nécessaire « pour le salut du pays, il l'a fait sous les yeux, sous le contrôle « immédiat, incessant de l'assemblée nationale.

« L'assemblée a tout vu, tout su, et, par sa toute-puissance, « tout sanctionné, soit implicitement, soit d'une manière expli- « cite, par des votes qui restent avec toute leur portée politique.

« En présence de ces faits, tout débat sur les actes du pouvoir « exécutif serait superflu, et il a paru au comité que l'assemblée « ne pouvait que repousser la proposition. » (Séance du 4 septembre 1848.) Au point de vue de l'avenir, le comité proposait une série de dispositions provisoires tendant à donner désormais à l'autorité judiciaire, pendant la durée de l'état de siége établi par le décret du 24 juin, le pouvoir de prononcer la suspension des journaux condamnés par le jury (même séance; voyez le texte du rapport et du projet dans la *Gazette des Tribunaux* du 7 septembre). Mais cette proposition du comité, ainsi que celle de M. Crespel de Latouche, a été repoussée, sans que l'assemblée ait consenti à entrer dans l'examen des articles. (Séance du 11 septembre 1848.)

La question fut immédiatement reportée à la décision de l'assemblée par une proposition déposée le même jour, 11 septembre, au nom de M. Xavier Durrieu, et tendant à faire décréter que, dans aucun cas, pas même durant l'état de siége, un journal ne pouvait être suspendu par le pouvoir exécutif. M. Huré, chargé au nom du comité de législation de faire un rapport sur cette nouvelle proposition, fit observer qu'elle voulait atteindre directement le but que se proposait indirectement M. Crespel de Latouche. Les circonstances et les motifs qui avaient déterminé le vote émis précédemment n'ayant pas varié, une discussion nouvelle ne pouvant aboutir qu'au même résultat, le comité proposa la question préalable, « dans la pensée, disait le rap-
« port, que l'état du pays et l'affermissement de la république
« permettraient, dans un prochain avenir, la levée de l'état de
« siége.» (Séance du   septembre 1848; voyez le texte du rapport dans la *Gazette des Tribunaux* du 20). La question préalable fut de nouveau adoptée, mais à une imperceptible majorité (Séance du 11 octobre 1848; G. T. 12). Cette circonstance amena la levée de l'interdit et celle de l'état de siége.

Il résulte de cet exposé, que l'assemblée a reconnu au général Cavaignac le droit de suspension des journaux comme une émanation de l'autorité souveraine qu'elle lui avait déléguée, par suite de l'établissement de l'état de siége.

V. — Mais quelle solution faut-il adopter en ce qui concerne les suspensions ordonnées au mois de juin 1849 par le président de la république, sous l'assemblée législative ? La commission, nommée en 1849 par cette assemblée pour examiner le projet de loi sur l'état de siége, n'a pas hésité à reconnaître que cet état entraînait forcément le droit pour l'autorité militaire d'empêcher les publications dangereuses. Cette autorité a le droit d'éloigner les personnes; pourquoi n'aurait-elle pas celui d'empêcher les publications? « Le texte suivant (l'art. 9 du projet), a dit le rap-
« porteur, M. Fourtanier, contient la nomenclature des pouvoirs
« exceptionnels conférés à l'autorité militaire. Ce sont les per-
« quisitions de nuit et de jour dans le domicile des citoyens; c'est

« l'expulsion des repris de justice et de ces individus non do-
« miciliés qui, à jour fixe, se trouvent avec une affligeante exac-
« titude dans les lieux où doit éclater une émeute ; c'est la
« remise imposée à tout citoyen de ses munitions et de ses armes,
« et le droit de procéder à leur recherche et à leur enlèvement ;
« c'est aussi *la faculté d'interdire les publications* et les réunions
« de nature à exciter ou à entretenir le désordre. — *Ces effets de*
« *l'état de siége sont ceux qui ont été appliqués en juin* 1848 *et en*
« *juin* 1849. *Votre commission les accepte sans aucune modifica-*
« *tion.* » (G. T. 9 août 1849.)

Ce rapport, on le voit, accepte ces effets de l'état de siége, non
comme étant l'introduction d'un droit nouveau, mais comme le
maintien de ce qui existe de droit sous un pareil régime.

La question, au surplus, a été soumise au mois de juin 1849
au conseil d'état, qui a été d'avis que, sous l'empire de la législation actuelle, établie tant par les lois du 10 juillet 1791 et du 10
fructidor an V, que par le décret du 24 décembre 1811 et par ceux
des 24 et 27 juin 1848 (1), l'autorité militaire « peut procéder à
« l'enlèvement des armes, à des visites domiciliaires, à l'éloigne-
« ment des personnes dangereuses, et *empêcher les publications*
« et les réunions qui seraient de nature à entretenir le désordre
« et l'agitation ; que plusieurs de ces mesures ayant été prises
« en 1848, l'assemblée constituante a passé à l'ordre du jour sur
« les réclamations auxquelles elles avaient donné lieu ; — que
« le devoir du gouvernement est d'user de ces droits toutes les
« fois que l'intérêt de l'état l'exige, mais seulement dans le cas
« d'une nécessité évidente et dans les limites de cette nécessité. »
(Avis du conseil d'état du 21 juin 1849 ; G. T. 29 ; voyez ci-après
à sa date le texte complet de ce document.) Cet avis du conseil
d'état, qui n'a point été inséré au *Bulletin des Lois*, n'a aucun
caractère législatif, ni aucune force obligatoire. Il n'est qu'une
opinion grave sur la question qui, malgré cette autorité, aurait
pu laisser des doutes dans les esprits. Mais l'art. 9 de la loi du
9 août 1849 sur l'état de siége a fait disparaître tous les doutes
pour l'avenir, en donnant à l'autorité militaire le droit d'interdire
les publications pendant l'état de siége. (Voyez plus loin le texte
de cet article.)

Je dois ajouter que c'est toujours sous sa responsabilité politique que le pouvoir exécutif use par lui-même, ou par ses

(1) Le décret du 24 juin établit l'état de siége ; celui du 27 ordonne la
transportation, à moins que le conseil d'état n'ait voulu désigner, sous
le nom de *décret*, l'*arrêté* du 27 juin, par lequel le général Cavaignac
suspend plusieurs journaux.

agents dans les départements, d'une pareille faculté (1).

VI. — Lorsque l'arrêté de suspension n'intervient qu'après une poursuite judiciaire déjà commencée et une saisie déjà exécutée, on a demandé si la poursuite peut continuer à être déférée aux tribunaux à raison des numéros du journal suspendu qui avaient fait l'objet de la poursuite et de la saisie précédentes ? Il a été jugé que l'arrêté de suspension ne peut autoriser l'exception fondée sur la règle *non bis in idem*. Cour d'assises de Paris, 23 octobre 1848, affaire du *Représentant du peuple*; G. T. 24. — *Sic*, même cour, 13 novembre 1848; G. T. 14.

VII. — La suspension d'un journal dans un département ne lui permet pas de paraître dans un autre département où l'état de siége n'existe point, en s'appliquant le cautionnement primitif et sans faire les déclarations exigées par la loi du 18 juillet 1828. Trib. correctionnel de Privas, 24 août 1849; G. T. 31. Voyez l'art. 4 du décret du 9 août 1848.

VIII. — La suspension d'un journal est un cas de force majeure, qui n'oblige pas le gérant à restituer à ses abonnés la portion du prix d'abonnement correspondante aux jours pendant lesquels il a cessé de paraître. C'est ce qui a été jugé par le tribunal de commerce de la Seine, le 6 août 1849 ; le sieur Lamiche contre la *Presse*; G. T. 7.

———

DÉCRET DU 28 JUILLET, — 2 AOUT 1848,

Sur les clubs.

OBSERVATION GÉNÉRALE SUR LA LOI.

I. — Cette loi sur les clubs a été remplacée en partie par la loi du 19-22 juin 1849, qui autorise le gouvernement à interdire les

———

(1) Les gérants des journaux suspendus au mois de juin 1849 ont manifesté l'intention de saisir les tribunaux de la question relative à la légalité de la suspension. Ils ont présenté requête au président du tribunal civil de la Seine, pour être autorisés à citer, à bref délai, le ministre de l'intérieur. Cette autorisation leur a été accordée, et la citation a été donnée. (G. T. 28 juin 1849; chronique.) Le 4 juillet 1849, le tribunal de la Seine s'est déclaré incompétent, par le motif que, s'agissant d'un acte du ministre de l'intérieur dans l'exercice de ses fonctions, l'article 19 de la Constitution, qui établit la séparation des pouvoirs administratif et judiciaire, lui interdit de connaître de la légalité d'un pareil acte (G. T. 5). Le tribunal de commerce de Paris, dans son jugement du 28 juillet 1830, rendu sous le feu du canon, n'avait pas hésité à proclamer l'illégalité, soit de l'ordonnance du 25

clubs pendant l'année qui suivra sa promulgation, et qui lui enjoint de présenter, avant l'expiration de ce délai, un projet de loi qui, en interdisant les clubs, règlera l'exercice du droit de réunion. La loi du 28 juillet 1848 reste donc en vigueur pour les clubs que le gouvernement n'aura pas jugé à propos d'interdire, pendant l'année qui doit suivre la promulgation de la loi du mois de juin 1849. Si, à l'expiration de ladite année, cette dernière loi n'était pas renouvelée, la loi précédente, celle du 28 juillet 1848, reprendrait toute sa force.

Art. 2. L'ouverture de tout club ou réunion de citoyens sera précédée d'une déclaration faite par les fondateurs, à Paris, à la préfecture, et dans les départements, au maire de la commune et au préfet. Cette déclaration aura lieu quarante-huit heures au moins avant l'ouverture de la réunion. Elle indiquera les noms, qualités et domiciles des fondateurs, le local, les jours et heures des séances. Il sera immédiatement donné acte de la déclaration.

Aucun club ne pourra prendre une dénomination autre que celle du lieu de ses séances.

Les édifices publics ou communaux ne pourront être affectés, même temporairement, à ces réunions.

Le § 2 seul doit être l'objet de mon examen.

La disposition de ce paragraphe ne se trouvait pas dans le projet du gouvernement. Elle a été introduite par la commission, dont le rapporteur, M. Coquerel, a expliqué la pensée ainsi : « Il importait de ne point tolérer que la désignation d'un club devînt « une insulte au sentiment public, un démenti des jugements de « l'histoire, un mot de ralliement pour l'émeute, un appel permanent à la guerre civile. Cette prévoyance nous a paru devoir « s'étendre, pour ainsi dire, dans toutes les directions. Nous ne « voulons voir fonder en France ni un club des Cordeliers ou des

juillet sur la presse, soit des ordres du préfet de police, donnés en vertu de cette ordonnance. Mais il est vrai que la question lui avait été soumise par suite du refus d'imprimer, fait par M. Gautier Laguionie, imprimeur du *Courrier français*. Le gérant du journal fit citer l'imprimeur pour être condamné à exécuter leurs conventions, nonobstant les ordres du préfet de police. (G. T. 26 juillet au 1er août.) Il y a eu appel du jugement du 4 juillet 1849; mais jusqu'à ce moment (fin novembre 1849) la cour de Paris n'a pas encore statué.

« Jacobins modernes, ni un club de Chambord ou de Neuilly; un
« article de loi astreint les clubs à ne prendre de nom que celui
« du lieu de leurs séances. »

Pour la peine et la juridiction compétente, voyez ci-après,
art. 9 et 16.

6. Les membres du bureau ne peuvent tolérer la
discussion d'aucune proposition contraire à l'ordre
public et aux bonnes mœurs, ou tendant à provoquer
un acte déclaré crime ou délit par la loi, ni des dénonciations contre les personnes ou attaques individuelles.

Les discours, cris ou menaces proférés dans un
club sont considérés comme proférés dans un lieu
public, et demeurent soumis à la même responsabilité.

Il en sera de même de tous imprimés ou emblèmes
distribués dans l'intérieur du club.

OBSERVATIONS SUR L'ENSEMBLE DE L'ARTICLE.

I. — L'économie de cet article a pour objet trois dispositions
distinctes : 1° Il crée une responsabilité particulière et nouvelle
à l'égard des membres du bureau qui auront *toléré* les infractions
prévues par cet article. L'art. 10 édicte, en effet, la peine, en
désignant ceux des membres du bureau qui doivent être at-
teints ; ce sont les président, secrétaires et autres membres du
bureau, qui auront *autorisé* les contraventions prévues par
l'art. 6. Ces individus sont punis, indépendamment des auteurs
même de l'infraction ; art. 10 précité. Mais il est évident que la
répression ne peut atteindre que les membres du bureau présents à la séance, et encore faut-il qu'ils aient *autorisé, toléré* le
délit au moins par leur inaction ou leur silence. Quant à ceux
qui ne siégeaient pas au bureau ou qui étaient absents en ce
moment, ou qui, bien que siégeant et présents, se seront op-
posés sérieusement à l'infraction envers la loi ou n'y auront pris
aucune part, il est bien évident qu'aucune répression ne pourra
les atteindre.

L'application de l'art. 6 a été déjà faite dans le sens que je
viens d'indiquer, au président d'un club, pour avoir toléré des
discours répréhensibles. Il a été condamné, ainsi que les auteurs de ces discours. Le vice-président et les secrétaires,
quoique mis en cause, ont été acquittés. Cour d'assises de la

Seine, 29 décembre 1848 ; G. T. 30. Dans une autre circonstance, la condamnation a été prononcée contre l'auteur du discours, le vice-président du club qui présidait ce jour-là, et contre un autre membre du bureau. Cour d'assises de la Seine, 15 février 1849 ; G. T. 16. Ces exemples suffisent pour indiquer de quelle manière l'application de cet article doit avoir lieu.

2° L'article énumère les délits auxquels s'applique la responsabilité des membres du bureau, responsabilité partagée d'ailleurs, aux termes de cet article, par celui qui a commis personnellement l'infraction.

3° Les clubs sont assimilés à des lieux publics.

OBSERVATIONS PARTICULIÈRES SUR LES DIVERS PARAGRAPHES DE L'ARTICLE.

III. — § 1er. — Le projet du gouvernement défendait la discussion « d'aucune proposition tendant à provoquer un acte déclaré crime ou délit, puni par la loi. » La commission y avait substitué la prohibition de discuter « aucune proposition contraire « *aux lois*, à l'ordre public ou aux bonnes mœurs. » Cette disposition a été attaquée comme prêtant à l'arbitraire. Les mots *aux lois* ont été retranchés, la formule du projet du gouvernement a été ajoutée à celle de la commission, sur la proposition du rapporteur lui-même, et enfin sur la demande de M. de Saint-Priest, et pour que la tribune des clubs ne pût servir à provoquer des haines ou des vengeances, on a voté la dernière partie du paragraphe, relative aux dénonciations contre les personnes ou aux attaques individuelles.

IV. Il ne faut pas croire que la suppression des mots *contraire aux lois* puisse autoriser des discours qui auraient pour but de provoquer à la désobéissance aux lois existantes. Cela ne résulte pas plus de cette suppression que de la non-adoption d'un amendement de M. Charamaule qui voulait qu'on terminât le 1er paragraphe ainsi : « ou tendant à provoquer la désobéissance aux « lois. » On n'a pas voulu adopter ces formules parce qu'elles pouvaient prêter à l'arbitraire. On a craint que la critique, la censure d'une loi, qui est toujours permise quand elle est faite dans une certaine mesure, ne fût considérée comme atteinte par la prohibition relative à toute proposition *contraire* aux lois, ou ne fût assimilée à une provocation à la désobéissance aux lois. Mais une pareille provocation, si elle était suffisamment caractérisée, serait bien certainement punissable en vertu du § 1er dudit article comme étant *contraire à l'ordre public*.

V. On avait demandé d'ajouter aux mots *ordre public* ceux-ci *et à l'ordre social*, afin d'interdire toute proposition qui tendrait à mettre en question le principe et les droits de la famille et de la propriété. Mais l'amendement fut retiré sur l'observation faite par le rapporteur, M. Coquerel, que « personne ne pouvait com-« prendre l'ordre public sans la famillle et sans la propriété. »

VI. — *Les dénonciations contre les personnes et les attaques individuelles*, interdites par ce paragraphe, ne doivent pas être confondues avec les injures, diffamations et outrages qualifiés, qui sont punis et réprimés par des lois particulières. La loi a voulu couvrir les individus d'une protection plus spéciale. Ce qui est punissable, aux termes de la nouvelle loi, n'a pas besoin de présenter les caractères d'un délit qualifié, et l'infraction peut être poursuivie d'office par le ministère public sans aucune plainte de la part de la personne dénoncée ou attaquée. Chambre d'accusation de la cour de Paris, 1848. Voir l'arrêt (sans date) dans le compte-rendu de l'audience de la cour d'assises de la Seine du 9 janvier 1849 (G. T. 10). La cour a renvoyé le prévenu devant la cour d'assises, à raison du délit spécifié dans l'art. 6 de la loi précitée, en refusant le renvoi qui lui était également demandé à raison du délit d'outrage contre un membre de l'assemblée nationale, parce qu'il n'avait pas porté plainte.

VII. Cet arrêt est parfaitement juridique. Le délit d'outrage, de diffamation ou d'injure reste soumis à la législation antérieure pour ce qui touche à la poursuite, comme pour ce qui concerne les conditions de la pénalité. Cf. l'arrêt rapporté au n° VIII ci-après.

VIII. — La cour de cassation a jugé que les outrages verbaux proférés contre un fonctionnaire *dans* l'exercice de ses fonctions sont punis par l'art. 222 du code pénal, et peuvent être poursuivis sans plainte de la part du fonctionnaire outragé, quoique la profération ait eu lieu dans un club. C. C. 7 septembre 1849 (G. T. 8). C'est là un délit du droit commun, dont cette loi ne s'est pas préoccupée. Voyez ci-après sur l'art. 16 de cette loi et sur l'art. 83 de la Constitution, et ci-dessus, n° VI et VII. Quant aux outrages commis dans l'exercice des fonctions, Cf. mon tome Ier, 2e édition, pages 244, 245, 412, |414 à 417, 419 à 421, 443, 447, 449, 451, 454 à 459, 463 et tome 2, pages 32, 188, 189, 397, 528, 531.

IX. — Quelle est la juridiction compétente dans cette dernière hypothèse? Voyez ci-après, p. 37, n. VI.

X. — La cour de Paris (chambre d'accusation) a jugé que la critique du rapport de la commission d'enquête sur les événements du 15 mai 1848, quelque blâmable que ce soit cette critique, ne peut être considérée comme contenant des dénonciations ou des attaques de la nature de celles qui sont punies par l'art. 6 de la loi du 28 juillet—2 août 1848. Arrêt de 1848, rapporté sans date par la *Gazette des Tribunaux* du 16 novembre 1848.

XI.— § 2 et 3. — Ces deux paragraphes se bornent à assimiler un club à un lieu public pour les proférations et les distributions qui y sont faites. Le § 3 ne parle que de la distribution d'*imprimés* ou emblêmes. Mais la distribution des écrits tombe aussi sous l'application de la disposition. On lui appliquera toujours, au surplus, le droit commun. Car cette loi n'avait pas besoin de dire qu'un club est un lieu public, cela résulte de la nature même de la réunion. Sur les lieux et réunions publics, Cf. mon tome 1er, 2e édition, livre I, chapitre 2, pages 33 à 53.

7. Sont interdits : les rapports, adresses et toutes autres communications de club à club, les députations ou délégations de commissaires faites par un club, quel que soit l'objet de la mission des députés ou délégués.

Sont également interdits : toutes affiliations entre clubs, tous signes extérieurs d'association et toutes affiches, proclamations et pétitions collectives de clubs.

Il est interdit à tous clubs ou réunions de prendre des résolutions dans la forme de lois, décrets, arrêtés, ordonnances, jugements ou autres actes de l'autorité publique.

I. — Le projet du gouvernement était ainsi conçu : « Sont inter-
« dits les rapports, adresses et toutes autres communications de
« club à club, les députations ou délégations de commissaires
« faites par un club, quel que soit l'objet de la mission des dépu-
« tés ou délégués. »
Les deux paragraphes suivants ont été ajoutés par la commission.
Le rapporteur a dit : « Le projet de loi (art. 6 et 7) interdit les
« communications entre clubs, les députations et conférences,
« les affiliations, les signes de ralliement, les proclamations et
« affiches, le port d'armes ; toutes ces défenses sont autant d'en-
« traves indispensables mises à des plans d'usurpation et d'in-
« surrection et non à des modes de discussion. La loi interdit
« aussi toute résolution imitant les lois, actes et arrêtés de l'au-
« torité. »
Me Bac attaqua certaines parties de cet article. Il demanda qu'il fût modifié en ce sens que, tout en interdisant certaines manifestations extérieures qui seraient de nature à troubler l'ordre pu-

blic, on devait autoriser la communication entre les clubs et toutes les manifestations pacifiques, notamment le droit de pétition collective. Cette proposition fut vivement combattue par le ministre de l'intérieur, M. Senard, qui demanda le maintien de l'article.

La plupart des dispositions de la loi actuelle sont d'ailleur empruntées à la législation antérieure. Voyez loi du 18-22 mai 1791, art. 1, 13, 14, 15; décret des 29 et 30 septembre—9 octobre 1791; arrêté du directoire du 24 ventôse an 6 (13 mars 1798).

8. Quiconque se présentera dans un club avec des armes apparentes ou cachées sera puni d'un emprisonnement de trois mois à six mois et de la privation des droits civiques pendant trois ans au moins et dix ans au plus.

Seront punis de la même peine, 1° les membres du bureau qui auront provoqué le fait, ou qui, en étant informés, ne l'auront pas empêché en ordonnant l'expulsion immédiate des individus armés; 2° tous ceux qui, par des discours proférés publiquement, ou par des écrits publiés ou affichés, auront provoqué les citoyens à se rendre en armes au club, ou à s'armer au dehors.

Cet article, dont la 2e partie du 2e paragraphe est seule en rapport avec l'objet de cet ouvrage, est en tout conforme au projet du gouvernement, à l'exception des derniers mots, *ou à s'armer au dehors*, qui ont été ajoutés par la commission, sans aucune explication.

On remarquera que la loi n'exige pas que la profération ni que la publication des écrits aient été faites dans des lieux ou réunions publics, comme cela est exigé par l'art. 1er de la loi du 17 mai 1819. La loi a entendu parler d'une publicité quelconque. Il y a dans la législation antérieure des exemples de ce genre de publicité. On peut consulter notamment l'art. 6 de la loi du 25 mars 1822. Sur les caractères de la publication et de la publicité, voyez mon tome 1er, 2e édition, pages 33 à 53 et 417 n° 515.

Pour la juridiction, voyez l'art. 16 ci-après.

9. Toute contravention aux articles 2, 3, 4 et 5 sera punie d'une amende de 100 à 500 fr., et, s'il y a lieu,

de la privation, en tout ou en partie, pendant un an au moins et trois ans au plus, de l'exercice des droits civiques mentionnés dans l'article 42 du Code pénal. Ces peines seront prononcées contre les président, secrétaires et autres membres du bureau qui auront assisté aux séances sans que les règles prescrites par les articles précités aient été observées.

I.—Le 2e paragraphe de l'art. 2 est seul compris dans la matière qui fait l'objet de cet ouvrage. L'infraction relative à la dénomination illicite prise par un club doit, en effet, être poursuivie contre les président, secrétaires et autres membres du bureau qui auront assisté aux séances sans que la règle prescrite par le § 2 de l'art. 2 ait été observée.

II. — Il s'agit ici d'une contravention proprement dite et non d'un délit. Aussi la juridiction compétente est le tribunal correctionnel. Voyez ci-après l'art. 16.

III. — La privation des droits civiques est restreinte aux limites de la juridiction correctionnelle, précisées par l'art. 42 du Code pénal.

10. Toute contravention aux dispositions des articles 6 et 7 sera punie d'une amende de 100 à 500 fr., et, suivant les cas, d'un emprisonnement de quinze jours à trois mois, et de la privation des droits civiques de un an à cinq ans.

Ces peines seront prononcées contre les président, secrétaires et autres membres du bureau qui auront autorisé les contraventions prévues par ces articles, et, en outre, contre les membres qui auront pris une part active à ces contraventions.

I. — Je me suis déjà expliqué sur la responsabilité du président et des autres membres du bureau. Voyez ci-devant, p. 29.

II. — La restriction relative à la privation des droits civiques n'est pas reproduite dans cet article, ce qui semblerait indiquer d'abord que les infractions auxquelles il se réfère sont justiciables des cours d'assises, qui ont toute compétence pour appliquer l'entière privation des droits civiques. Mais, d'autre part, le mot contravention, dont l'article se sert, paraît indiquer le tribunal correctionnel. Ce mot appartient au projet primitif qui déférait tous les délits et toutes les contraventions prévues par la loi à la juridiction correctionnelle. La commission a établi des distinctions. Mais elle aurait dû modifier dans ce sens la rédaction de chaque article et l'approprier à la nature des juridictions compétentes. L'article est très-mal rédigé au point de vue de la juridiction. Il ne faut pas en tenir compte en ce qui concerne cet objet. Voyez à cet égard l'art. 16 ci-après.

11. Le tribunal, en prononçant les peines édictées par les trois articles qui précèdent, pourra, en outre, selon la gravité des circonstances, ordonner la fermeture des clubs.

Dans les cas de délits ou contraventions constatés par un procès-verbal et ayant donné lieu à un réquisitoire à fin de poursuites, la chambre du conseil pourra, par une ordonnance spéciale, rendue sur les réquisitions du ministère public et le rapport du juge d'instruction, ordonner la fermeture immédiate et provisoire du club ou de la réunion jusqu'au jugement définitif des délits ou contraventions.

Cette ordonnance ne sera sujette à aucun recours.

I. Cet article s'applique aux infractions prévues par les art. 2, 3, 4, 5, 6, 7 et 8. La mauvaise rédaction de l'article nécessite cette observation.

Le projet du gouvernement ne contenait que le 1er paragraphe. Les autres paragraphes ont été ajoutés par la commission.

II. En se servant de cette formule le tribunal, l'article semblerait indiquer que toutes les infractions auxquelles il se réfère sont de la compétence du tribunal correctionnel. Cependant cet article ne préjuge rien sur ce point. Sa formule s'appliquait, il est vrai, à la juridiction correctionnelle dans le projet du gouvernement, qui déférait à cette juridiction tous les délits et toutes les contraventions (article 14 du projet); mais la commission a fait à cet égard des distinctions. Elle a néanmoins laissé exister la formule primitive du premier paragraphe, qu'elle a conservé. Le mot tribunal est d'ailleurs un mot générique qui s'applique à toute espèce de juridiction. Voyez ci-après l'art. 16.

16. Les infractions aux formalités prescrites par le présent décret, pour l'ouverture des clubs et la tenue

de leurs séances, seront déférées aux tribunaux de police correctionnelle.

Toutes les autres infractions seront soumises au jugement du jury.

I. — Le projet du gouvernement portait (art. 14) : « Les délits « et contraventions prévus par le présent décret seront déférés « aux tribunaux de police correctionnelle. » La commission avait proposé « une classification des délits qui seraient renvoyés de- « vant le jury, et des contraventions dont les tribunaux correc- « tionnels auraient à connaître. » (Rapport de M. Coquerel.) En principe, cette distinction était fort claire, mais la classification laissait beaucoup à désirer dans la pratique. MM. Dupont (de Bussac), Bac et Xavier Durrieu présentèrent un amendement ainsi conçu : « Les délits et contraventions prévus par le présent dé- « cret seront déférés au jury. » M. Dupont s'attacha à démontrer qu'en pareille matière tout était politique; que, dès lors, toutes les infractions devaient être renvoyées au jury. La commission, selon lui, laissait à l'appréciation des magistrats correctionnels des actes au sujet desquels des questions d'intention peuvent être soulevées. Il soutenait notamment qu'il pouvait en être ainsi pour les art. 2, 3, 4 et 12. On lui a répondu que la police correction- nelle n'avait à connaître que des simples contraventions maté- rielles et que celles qui sont prévues par les art. 2, 3, 4 et 5 n'ont pas un autre caractère. Ainsi le défaut de déclaration, prévu par l'art. 2, est une infraction matérielle, que l'intention ne peut ex- cuser. Il en est de même du fait d'être venu dans un club avec des armes. Mais il en est autrement pour la provocation à se ren- dre en armes dans un club. Le ministre de l'intérieur, M. Senard, a présenté par voie de transaction la rédaction qui est devenue le texte de l'art. 16.

II. — De ce qui a été dit ci-dessus et de la rédaction même de l'art. 9, sur lequel j'ai déjà donné quelques explications (voyez ci-devant page 34), il résulte que les contraventions prévues par les art. 2, 3, 4 et 5 doivent être déférées à la juridiction correction- nelle. On n'a à retenir, parmi ces contraventions, que celle qui est prévue par l'art. 2, relativement à la dénomination du club, puisqu'elle est la seule qui rentre dans l'objet de cet ouvrage.

III. — Quant aux infractions prévues par l'art. 6 relatives à la tolérance ou autorisation du bureau sur la discussion de propo- sitions contraires à l'ordre public, aux bonnes mœurs, etc., ces infractions admettent la question intentionnelle; elles consti- tuent une sorte de complicité de la part des membres du bureau. Ce sont de véritables délits politiques ou de publication, justiciables du jury. Telle est d'ailleurs la pratique suivie, à cet égard, jusqu'à ce jour. Voyez ci-devant, p. 29 et 30.

IV. — *Quid*, en ce qui concerne les interdictions prévues par l'art. 7 et relatives aux communications de club à club, aux affiliations, aux affiches collectives, à la forme des résolutions? Parmi ces infractions, les unes concernent évidemment la tenue des séances, comme, par exemple, la forme des résolutions; elles rentrent par conséquent dans le plein texte du 1ᵉʳ paragraphe de l'art. 16, qui les rend justiciables des tribunaux correctionnels; les autres, telles que celles qui sont relatives aux affiliations, aux signes extérieurs, aux affiches et pétitions collectives, sont également des infractions purement matérielles, dans lesquelles la question d'intention est tout-à-fait indifférente. Elles constituent des infractions aux formalités prescrites, soit pour l'ouverture du club, soit pour la tenue des séances. Sous ces divers rapports, elles devraient donc rentrer également dans la compétence correctionnelle.

V. — Les infractions de la nature de celles qui sont l'objet de cet ouvrage, pour le jugement desquelles la loi a réservé la juridiction du jury, sont les infractions prévues par l'art. 6 et par le 2ᵉ paragraphe de l'art. 8. Ce sont là de véritables délits d'intention, infractions dont le caractère politique est parfaitement dessiné.

VI. — La cour de cassation a jugé que le délit d'outrage contre un fonctionnaire public *dans* l'exercice de ses fonctions, puni et réprimé par l'art. 222 du code pénal, est justiciable du tribunal correctionnel et non du jury, quoique ce délit ait été commis dans un club. C. C. 7 septembre 1849, rejet; G. T. 8. L'art. 6 de la loi du 28 juillet 1848 sur les clubs punit et réprime, il est vrai, les *attaques individuelles*, et l'art. 16 établit la compétence du jury pour la répression de ces attaques. Mais il s'agit ici d'un délit réprimé par le droit commun, dont cette loi ne s'est pas préoccupée, comme le faisait observer M. l'avocat-général Sévin devant la cour de cassation. Il importe peu, pour la solution de cette question de compétence, que la poursuite à raison de ce délit ait eu lieu d'office ou sur la plainte du fonctionnaire outragé. Cette circonstance ne peut influer en rien sur une question de compétence.

17. En cas de conviction de plusieurs crimes ou délits commis dans les réunions publiques ou non publiques, la peine la plus forte sera seule appliquée aux faits antérieurs à la poursuite.

Cf. l'acte 365 du code d'instruction criminelle et mon *Traité des délits de la Parole et de la Presse*, 2ᵉ édition, tome 1ᵉʳ, page 189 et suivantes, nᵒˢ 254 et suivants.

18. L'article 463 du Code pénal pourra être appliqué à toutes les infractions prévues par le présent décret.

Lorsque les circonstances atténuantes seront admises, la cour ou le tribunal appliquera l'art. 401 du Code pénal. Néanmoins, la durée de l'emprisonnement pourra être réduite au minimum fixé par la présente loi.

La liberté provisoire pourra, dans tous les cas, être accordée avec ou sans caution.

I. — Cet article n'était pas dans le projet du gouvernement. La commission avait proposé le 1ᵉʳ paragraphe seulement. Le 2ᵉ fut introduit sur la demande de M. Valette et le 3ᵉ sur la proposition de M. Commandré.

II. — Le bénéfice des circonstances atténuantes peut être appliqué à toutes les infractions prévues par ce décret. Mais qui devra déclarer l'existence des circonstances atténuantes ? Lorsque l'infraction est de la compétence correctionnelle, c'est le tribunal correctionnel lui-même qui doit faire cette déclaration. Mais qui proclamera qu'il existe des circonstances atténuantes, lorsque l'infraction aura été déférée à la cour d'assises ? Le texte du 2ᵉ paragraphe n'est pas clair. *Lorsque les circonstances atténuantes seront admises, la cour ou le tribunal appliquera l'article* 401, etc.; *admises*, par qui ? Il était de jurisprudence, avant la révolution de février, que la déclaration des circonstances atténuantes n'était du domaine du jury que pour les faits qualifiés crimes. Lorsque le fait déféré au jury n'était passible que d'une peine correctionnelle, c'était à la cour d'assises, sans assistance du jury, qu'il appartenait de reconnaître l'existence des circonstances atténuantes, à moins qu'une loi particulière n'eût expressément déféré ce droit au jury. Voyez à cet égard mon tome 1ᵉʳ, 2ᵉ édition, page 185 et suivantes, nᵒˢ 250 et suivants. Les lois sur la presse, postérieures à celle dont je m'occupe, ne se sont pas plus nettement expliquées à cet égard, si ce n'est l'art. 23 de la loi du 27-29 juillet 1849, qui reconnaît implicitement que le jury, en matière de délits de la presse, doit déclarer l'existence des circonstances atténuantes. Cette disposition pourrait-elle être appliquée à des délits de publication régis et réprimés par une autre loi? On pourrait jusqu'à un certain point soutenir l'affirmative. Toutefois, il n'est pas nécessaire d'aller jusqu'à une pareille solution. Car si le texte de notre loi du 28 juillet—2 août 1848 n'est pas suffisamment clair, l'auteur de l'amendement s'est clairement expliqué à cet égard : « Vous venez de voter, disait-il, « un article qui décide que l'art. 463 du code pénal pourra être « appliqué; en d'autres termes, vous avez voulu que, *soit le jury*, « soit le juge correctionnel, *puissent déclarer* qu'il y a des cir- « constances atténuantes. Eh bien! maintenant, moi, je viens « vous proposer de déterminer quelle sera la peine applicable, « lorsque les circonstances auront été déclarées, *soit par le jury*, « *si on est en cour d'assises*, soit par le tribunal correctionnel. » Il n'est pas possible d'être plus clair, ni plus explicite; mais l'auteur de ces développements aurait dû consigner plus nettement sa pensée dans le texte de l'amendement qu'il a fait adopter sous l'influence de ces observations.

ARRÊTÉ DU 6 AOUT 1848 (CAVAIGNAC),

Portant levée de la suspension prononcée contre plusieurs journaux (1).

Le président du conseil, chargé du pouvoir exécutif,

Arrête :

Art. 1er. Est levée, à compter de ce jour, la suspension prononcée par l'arrêté du 27 juin 1848 contre les journaux : la *Révolution*, la *Vraie République*, l'*Organisation du Travail*, la *Presse*, l'*Assemblée Nationale*, le *Napoléon républicain*, le *Journal de la Canaille*, le *Père Duchêne*, le *Pilori*, la *Liberté* et le *Lampion*.

Art. 2. Les scellés apposés en exécution de l'arrêté du 27 juin 1848 sur les presses servant à imprimer les journaux sus-désignés, seront levés par les fonctionnaires qui ont procédé à leur apposition.

---

(1) Ce document ne se trouve ni au *Bulletin des Lois*, ni dans la collection de Duvergier, ni dans celle du *Journal du Palais*. Il a été publié par la *Gazette des Tribunaux* du 7-8 août 1848.

La prohibition d'imprimer lesdits journaux, et tous engagements pris par les imprimeurs relativement à cette prohibition, sont considérés pour l'avenir comme non avenus.

Art. 3. Le préfet de police est chargé de l'exécution du présent arrêté.

Cf. page 22, l'arrêté du 27 juin 1848 et les observations à la suite de ce dernier arrêté.

—

DÉCRET DES 9-12 AOUT 1848,

Relatif aux cautionnements des journaux (1) et écrits périodiques.

Art. 1er. Les dispositions des lois existantes, relatives au cautionnement à fournir par les propriétaires de journaux ou écrits périodiques politiques, sont modifiées comme il suit à compter de ce jour jusqu'au 1er mai 1849, époque à partir de laquelle ces dispositions et celles du présent décret concernant l'obligation du cautionnement, seront de plein droit abrogées.

Le cautionnement que les propriétaires de tout journal ou écrit périodique sont tenus de fournir sera versé en numéraire au trésor, qui en payera l'intérêt au taux réglé pour les cautionnements.

Le taux du cautionnement pour les départements de la Seine, de Seine-et-Oise et de Seine-et-Marne, est fixé comme il suit :

Si le journal ou écrit périodique paraît plus de deux fois par semaine, soit à jour fixe, soit par livraison et irrégulièrement, le cautionnement sera de 24,000 fr.

---

(1) Voyez la note 1 de la page 36.

Le cautionnement sera de 18,000 fr., si le journal ou écrit périodique ne paraît que deux fois par semaine.

Il sera de 12,000 fr., si le journal ou écrit périodique ne paraît qu'une fois par semaine.

Il sera de 6,000 fr., si le journal ou écrit périodique paraît seulement plus d'une fois par mois.

Le cautionnement des journaux quotidiens publiés dans les départements autres que ceux de la Seine, Seine-et-Oise, Seine-et-Marne, sera de 6,000 fr. dans les villes de cinquante mille ames et au-dessus.

Il sera de 3,600 fr. dans les villes au-dessous, et respectivement de la moitié de ces deux sommes pour les journaux et écrits périodiques qui paraissent à des termes moins rapprochés.

I. — Le gouvernement, par l'organe des ministres de l'intérieur et de la justice, et le rapporteur, M. Berville, au nom de la commission, ont déclaré que la mesure était transitoire. La question sur le principe du cautionnement a été réservée. Il a été entendu que la loi n'engageait pas l'avenir. La loi porte d'ailleurs, dans son propre texte, le caractère transitoire le plus marqué.

Le premier paragraphe de l'art. 1er a été ajouté sur la proposition de M. Mie. Le reste est conforme au projet du gouvernement.

II. — Le cautionnement est exigé en numéraire et non en rentes. On a répudié à cet égard le système des lois antérieures à celle du 9 septembre 1835 pour adopter le principe consacré par cette dernière loi, comme présentant plus d'efficacité. Sauf le chiffre du cautionnement, tout ce qui a été dit sur l'art. 13 de la loi du 9 septembre 1835 reçoit encore sur ce point son application. Cf. mon tome 1er, 2e édition, pages 595, 596.

III. — La distinction entre les journaux politiques et les journaux non politiques continue à exister. Cf. à ce sujet mon tome 1er, Ire partie, livre 3, chapitre 3, § 2, art, 1, 2, 3 et suiv.

IV. — Cette loi n'avait de durée que jusqu'au 1er mai 1849. Faute de renouvellement à cette époque, la condition du cautionnement cessait. Elle a été prorogée d'abord jusqu'au 1er août 1849 (voyez ci-après la loi du 21-23 avril 1849) et ensuite indéfiniment jusqu'à a promulgation de la loi organique sur la presse (loi du 27 juillet

1849 ci-après). Il a dû advenir que, par suite du délai des distan-
ces, la loi du 21-23 avril 1849 et ensuite celle du 27-29 juillet suivant ne fussent pas encore exécutoires au 1er août sur toutes les parties du territoire continental de la France. Il est évident que dans
ces départements on a été en droit de publier, dans les journaux
non cautionnés auparavant, des articles politiques sans être en
contravention avec la loi.

V. — De là est née la question suivante :

Si, après le jugement prononcé en 1re instance contre un journaliste condamné, à raison du défaut de cautionnement, pour
contravention au décret du 9 août 1848 encore en vigueur au moment de la publication, ce décret du 9 août, qui expirait le 1er
mai 1849 et qui n'était prorogé que jusqu'au 1er août 1849, avait
cessé d'exister au moment où l'affaire était jugée par la cour d'appel avant que la loi du 27-29 juillet 1849, qui l'a prorogé indéfiniment, fût devenue exécutoire, y aurait-il lieu à l'application d'une
peine par la cour d'appel? La cour de Bordeaux a jugé la question négativement par un arrêt du 2 août 1849, qui a relaxé le prévenu (G. T. 16 septembre). Mais l'arrêt vient d'être cassé par la
cour suprême le 4 octobre 1849. La *Gazette des Tribunaux* du 5,
qui annonce ce résultat, ne donne pas le texte de cette décision,
que je ne trouve encore dans aucun recueil.

VI. — La condition du cautionnement est-elle suspendue pendant les quarante-cinq jours qui précèdent les élections? Voyez
ci-après l'art. 2 de la loi du 21-23 avril 1849.

2. Il est accordé aux propriétaires des journaux ou
écrits périodiques actuellement existants, et n'ayant
pas encore versé de cautionnement, un délai de
vingt jours, à compter de la promulgation du présent
décret, pour se conformer aux dispositions qui précèdent.

Les propriétaires de journaux qui ont versé des
cautionnements, en cédant tout ou partie de leur
entreprise, pourront céder tout ou partie de leur
cautionnement, et les cessionnaires, par la notification de la cession au trésor, seront dispensés du
versement d'un nouveau cautionnement, sauf le privilége et le droit des tiers, et sous toutes réserves à
raison des délits commis antérieurement à la signification de la cession.

Le premier paragraphe seul était dans le projet du gouvernement. Le deuxième a été introduit dans la loi, avec l'adhésion du gouvernement, sur la proposition de M. Huré, appuyé par M. Perrée. — M. Huré a dit que, sous la législation antérieure, le journaliste qui voulait se retirer était obligé, d'après l'ordonnance du 18 novembre 1835, de laisser son cautionnement pendant trois mois au trésor. Le journaliste qui arrivait était obligé, malgré la cession à lui faite, de verser un nouveau cautionnement. Ce système avait été consacré par plusieurs arrêts (voyez dans mon tome 1er, 2e édition, p. 604, no 852). C'est cette jurisprudence que le § 2 de l'article a pour objet de renverser. Cette innovation a une apparence d'équité, mais elle n'est pas juridique.

On remarquera que le paragraphe ne s'applique qu'à la cession de tout ou partie de l'entreprise ou du cautionnement par *les propriétaires des journaux.* En dehors de cette innovation, la législation et la jurisprudence anciennes restent en vigueur dans leur rapport avec les cautionnements, sauf l'abrogation de la loi du 9 septembre 1835.

3. Les propriétaires des journaux ou écrits périodiques qui, en exécution de la loi du 9 septembre 1835, ont versé un cautionnement supérieur au taux fixé par l'art. 1er du présent décret, seront remboursés de la portion excédante par le trésor public, dans un délai qui ne dépassera pas six mois, à compter de la promulgation du présent décret.

Conforme au projet du gouvernement.

4. Les dispositions des lois des 9 juin 1819, 18 juillet 1828, qui ne sont pas contraires au présent décret, continueront à être exécutées.

Ces lois continuent à exister dans leur entier, sauf le chiffre du cautionnement et son versement en numéraire. On peut voir mon commentaire sur ces deux lois, au point de vue de la police de la presse périodique, dans mon tome 1er, part. I, liv. 3, chap. 3, § 1 et 2, p. 562 et suiv.

Voyez ci-après, sur l'art. 8 de la loi du 27 juillet 1849, un jugement du tribunal correctionnel de Privas.

DÉCRET DU 11-12 AOUT 1848 ,

Relatif à la répression des crimes et délits commis par la voie de la presse.

OBSERVATIONS GÉNÉRALES SUR L'ENSEMBLE DE LA LOI.

I. — D'après le projet du gouvernement, les lois des 17 mai 1819 et 25 mars 1822 n'avaient pas cessé d'exister. L'art. 2 du décret rendu par le gouvernement provisoire, le 6 mars 1848, avait maintenu ces deux lois (voyez ci-devant p. 12). Il s'agissait seulement de donner à ces lois le baptême républicain, et de mettre leur langage en harmonie avec le principe et la forme du nouveau gouvernement, en se bornant à un travail purement grammatical; aussi l'art. 8 du projet maintenait-il expressément toutes les autres dispositions de ces deux lois auxquelles il n'était pas dérogé. La commission, en adoptant la pensée du gouvernement sur le caractère purement grammatical et tout de définition du projet de loi, tout en estimant que les deux lois de 1819 et 1822 devaient continuer à être exécutées, a voulu s'abstenir de tout examen sur le fond de ces lois, et dégager l'assemblée de toute responsabilité à cet égard. C'est dans cette pensée que la commission a supprimé l'art. 8 du projet, ainsi conçu : « Toutes, autres dispositions des lois des 17 mai 1819 et « 25 mars 1822, auxquelles il n'est pas dérogé par le présent « décret, continueront d'être exécutées, » en remplaçant cette disposition trop explicite par la déclaration qui forme le préambule de la loi, et qui est ainsi conçue, « Les lois des 17 mai « 1819 et 25 mars 1822 sont modifiées ainsi qu'il suit. » On s'en est « référé tacitement au principe du droit commun, qui veut « que les lois restent en vigueur jusqu'au jour où leur abroga- « tion est prononcée. » (Rapport de M. Berville.)

II. — La révision grammaticale de ces deux lois a été faite, afin que « le doute ne pût s'élever sur la partie de leurs prescrip- « tions, et que la conscience du juge ne pût hésiter sur la jus- « tesse des applications qu'il en devait faire ; c'était pour satis- « faire aux plus scrupuleuses exigences, que le gouvernement « proposait la rectification de quelques-uns des textes de ces « lois. » (Exposé des motifs du ministre de l'intérieur, M. Senard.) Toutefois, il a été jugé que cette rectification n'était pas absolument nécessaire, et que l'art. 2 du décret précité du 6 mars 1848 suffisait pour qu'il fût permis de faire l'application du texte de ces deux lois, notamment de l'art. 4 de la loi du 25 mars 1822, à un écrit publié avant le décret du 11 août, mais après celui du

6 mars. En conséquence, cet écrit a été condamné pour excitation à la haine et au mépris du gouvernement *de la république*, en vertu de l'art. 4 de la loi de 1822, qui punit la même excitation contre le gouvernement *du roi* (Cour d'assises de Paris, 26 octobre 1848 ; affaire du *Peuple constituant*; G. T. 27). C'est dans ce même esprit que paraît avoir été rendu un arrêt de la cour de cassation du 15 novembre 1849, qui juge que le délit d'offense envers l'assemblée législative ne peut être poursuivi qu'avec l'autorisation de cette assemblée, conformément à l'art. 2 de la loi du 26 mai 1819 et à l'art. 15 de celle du 25 mars 1822, quoique ces articles s'appliquent aux chambres anciennes et bien que leur terminologie n'ait pas été rectifiée par le décret du 11 août 1848. Voyez *Gazette des Tribunaux* du 16 et du 19-20 novembre 1849. Voyez aussi ci-après l'art. 2.

Il résulte clairement de tout ce qui vient d'être dit, que les lois des 17 mai 1819 et 25 mars 1822 n'ont reçu d'autres modifications que celles qui sont exprimées dans ce décret, et dès lors toutes leurs dispositions restent en vigueur, sauf les rectifications faites par le décret. M. Xavier Durrieu avait voulu faire prononcer l'abrogation de l'art. 12 de la loi du 17 mai 1819, qui réprime l'offense envers les chefs des gouvernements étrangers ; celle de l'art. 17 de la même loi, relatif aux agents diplomatiques accrédités en France, celle du 1er paragraphe de l'art. 19, concernant l'injure contre ces agents et contre les fonctionnaires, enfin celle du 3e paragraphe de l'art. 7 de la loi du 25 mars 1822, relatif à l'interdiction de rendre compte des débats législatifs ou judiciaires. Cet amendement a été rejeté. L'art. 7 et l'art. 16 de la loi de 1822 ont, depuis lors, été appliqués par la haute-cour nationale séant à Versailles, par arrêt du 26 octobre 1849, contre le gérant de la *Tribune des Peuples*, pour compte-rendu infidèle et injurieux d'une audience de cette cour. G. T. 27. Voyez ci-après sur l'art. 83 de la Constitution.

III. — La commission, fidèle à la pensée exprimée par le gouvernement dans l'exposé des motifs, avait résisté à toute tentative d'introduire dans la loi des délits nouveaux. Elle avait même refusé, par ce motif, de toucher à la pénalité. Mais l'assemblée ne s'est pas arrêtée à cette considération. Elle a ajouté quelques délits à ceux qui existaient déjà. Le gouvernement, se mettant lui-même en contradiction dans le texte du projet avec l'exposé des motifs, était sorti des lois de 1819 et 1822, et avait demandé à d'autres lois l'idée de quelques délits assortis au nouvel état de choses. Je signalerai ces diverses dispositions, à mesure que l'ordre des articles les présentera à mon examen.

Les lois des 17 mai 1819 et 25 mars 1822 sont modifiées ainsi qu'il suit :

Art. 1er. Toute attaque par l'un des moyens énoncés en l'article 1er de la loi du 17 mai 1819, contre les droits et l'autorité de l'assemblée nationale, contre les droits et l'autorité que les membres du pouvoir exécutif tiennent des décrets de l'assemblée, contre les institutions républicaines et la Constitution, contre le principe de la souveraineté du peuple et du suffrage universel, sera puni (1) d'un emprisonnement de trois mois à cinq ans, et d'une amende de trois cents francs à six mille francs.

I.—Les deux premières infractions prévues par cet article sont empruntées à l'art. 2 de la loi du 25 mars 1822 et à la loi du 29 novembre 1830. On peut voir, sur ces délits, ce que j'ai dit dans mon tome 1er, 2e édit., p. 219-231, pour les attaques contre les droits et l'autorité du roi, et pour celles contre les droits et l'autorité des chambres, p. 234 à 243.

II. — L'attaque *contre les institutions républicaines et la Constituiion* a été ajoutée sur la proposition de M. Jules Favre. C'est un nouveau délit, dont l'idée, il faut bien le dire, a été demandée à la loi du 29 novembre 1830 et à l'art. 5 de la loi du 9 septembre 1835. Voyez, à cet égard, mon tome 1er, p. 258, nos 346, 347, p. 261 et suiv., no 355 et suiv.; pour les attaques contre la charte, p. 329, no 419.

La simple critique des institutions républicaines, de la Constitution elle-même, ne serait pas un délit, si elle n'était pas empreinte d'une intention de renversement. Sur la critique des lois et des institutions, voyez mon tome 1er, p. 321 et suiv., notamment, p. 329 et suiv.

Il ne faut pas confondre, d'ailleurs, l'attaque contre les *institutions républicaines* ou *contre la Constitution* avec l'attaque contre le *gouvernement de la république*, prévue par l'art. 4 ci-après. Voyez sur cet art. 4 les observations du ministre de l'intérieur.

_____

(1) Il faudrait *punie*, mais j'ai copié le *Bulletin des Lois*. Je saisis cette occasion pour signaler, dans le décret du 9 août 1848, une autre incorrection grammaticale. Le titre du *Bulletin des Lois*, que j'ai dû copier, est ainsi conçu : Décret relatif *aux cautionnements* des journaux, etc., c'est *au cautionnement* qu'on devait mettre.

La chambre d'accusation de la cour d'Angers a renvoyé devant la cour d'assises de Maine-et-Loire le gérant d'un journal qui, trois semaines avant l'élection du 10 décembre 1848 pour la présidence de la république, avait publié un article ainsi conçu : « La république, subie comme une nécessité fatale, ne « compte plus que pour mémoire dans les entretiens de tout le « monde ; on l'enterre à grand bruit, et les plus déplorables « oraisons funèbres lui sont prodiguées sans miséricorde. Il est « impossible de se faire une idée d'une pareille chute. » Le 9 février 1849, le jury a prononcé l'acquittement. (G. T. 14 février). Le sieur Delente avait dit dans un club : « Le peuple « doit dire ce qu'il veut : il est le maître. Mais maintenant c'est « le monde renversé, et on lui a envoyé une Constitution bâtarde « avec cent coups de canon pour la faire digérer. » Traduit en justice pour attaque à la Constitution, il a été reconnu coupable par le jury et condamné par la Cour d'assises de la Seine, le 26 décembre 1848 (G. T. 27). Le fait d'avoir procédé publiquement à la reconnaissance d'un officier de la garde nationale, *au nom de la république démocratique et sociale*, a été considéré et puni comme constituant le délit d'attaque à la Constitution. Cour d'assises de la Seine-Inférieure, 4 juin 1849 ; G. T. 5. Voyez ci-après sur l'art. 6, n° 3.

J'ai cité ces trois affaires à titre d'exemple, mais sans tirer à conséquence pour les affaires ultérieures, parce que chaque procès a sa physionomie particulière, qu'il emprunte non-seulement au texte de l'écrit poursuivi, mais encore au nom, à la position, aux antécédents du prévenu, à la forme de la publication, et surtout aux circonstances dans lesquelles l'écrit a été lancé dans le public. Voyez mon tome 1er, chap. 1er *passim*.

III. — Sur le sens du mot *attaque*, voyez ci-après, n. III *bis*, et p. 48, n. IV.

III *bis*. — L'attaque *contre le principe de la souveraineté du peuple* a été introduite sur la demande de M. Lagrange. Il y a quelque chose d'analogue dans la loi du 9 septembre 1835. Mais les auteurs de cette loi avaient expressément déclaré qu'ils entendaient interdire toute discussion sur *le principe* comme sur la forme du gouvernement. En 1835, la distinction entre la discussion et l'attaque fut proposée par M. Garnier-Pagès et soutenue par M. Janvier, qui formula même à ce sujet un amendement ; mais cet amendement fut repoussé. Il avait été bien entendu qu'en ce qui concerne l'existence du gouvernement établi, la simple discussion constituait l'attaque réprimée par la loi. Voyez à cet égard mon tome 1er, p. 263 à 271, n° 359, et surtout p. 271 à 275, n°s 360, 361. Mais je faisais remarquer à cette occasion que, même sous la loi de 1835, une discussion théorique sur la nature et sur les avantages de tel ou tel principe, de telle ou telle forme du gouvernement en général, n'était pas interdite par cette loi (p. 273).

IV. — La nouvelle loi, en introduisant le mot *attaque* dans sa rédaction, et en l'appliquant, soit aux institutions républicaines et à la Constitution, soit au principe de la souveraineté populaire, a-t-elle entendu prohiber et punir toute discussion sur ces institutions, sur la Constitution, sur le principe de la souveraineté populaire ? Sous l'empire d'une constitution soumise à une révision triennale, livrée par conséquent à l'appréciation et à la critique perpétuelle des citoyens, investis d'une partie de la souveraineté populaire, il ne serait pas possible d'admettre une pareille doctrine. Ce serait vouloir imposer à des citoyens libres un véritable fétichisme, contraire à toute idée de progrès, au principe même de la souveraineté nationale. Aussi le rapporteur, M. Berville, a-t-il eu soin de dire qu'il était « bien entendu « que par ce mot *attaque* on n'avait pas entendu prohiber la li-« berté de discussion, mais simplement les choses qui auraient « un caractère agressif. » C'est ainsi, en effet, que le mot *attaque* doit être grammaticalement et légalement entendu, à moins que le législateur, comme on l'avait fait dans la loi du 9 septembre 1835, n'ait expressément déclaré qu'il voulait lui donner par exception un sens tout différent. Sur le vrai sens légal du mot *attaque*, voyez mon tome 1er, p. 263, no 358 et les nos 359, 360, p. 274, *in fine*, et les p. 319, 320, nos 410 et 411.

IV *bis.* — Le principe de la souveraineté populaire forme aujourd'hui la base du gouvernement. Le gouvernement précédent reposait sur le principe de la souveraineté parlementaire. Chacun de ces principes indique parfaitement l'origine de chaque gouvernement. Cette origine est d'ailleurs précisée légalement par la loi du 29 novembre 1830 pour le gouvernement de juillet et par l'art. 1er de la Constitution de 1848 pour le gouvernement de février. On peut voir, dans mon tome 1er, p. 267 à 271, ce que j'ai dit sur le principe et la forme des gouvernements en général, et particulièrement de ceux qui ont régi la France jusqu'en 1830.

V. — L'*attaque* contre *le principe du suffrage universel* a été introduite aussi sur la demande de M. Lagrange, quoique la Constitution ne fût pas votée, et qu'il pût être encore incertain si ce mode de votation serait admis. Ce délit est entièrement nouveau ; il n'a aucun analogue dans la législation antérieure. On avait proposé de mettre après *suffrage universel* les mots *et direct* ; mais la proposition n'a pas été admise.

Les observations ci-dessus au sujet du mot *attaque* s'appliquent à ce délit aussi bien qu'aux précédents.

VI. — L'article punit ces diverses attaques lorsqu'elles ont été faites par l'un des moyens énoncés dans l'art. 1er de la loi du 17 mai 1819. Voyez à cet égard mon tome 1er, part. I, chap. 2.

2. L'offense par l'un des moyens énoncés en l'article 1er de la loi du 17 mai 1819, envers l'assemblée nationale, sera punie d'un emprisonnement d'un mois à trois ans, et d'une amende de cent francs à cinq mille francs.

I. — Cet article est conforme au projet du gouvernement. Il est la reproduction de l'art. 11 de la loi du 17 mai 1819. Voyez mon tome 1er, p. 243 à 252, t. 2, p. 377, 398 et suiv.

II. — Lors de la discussion de la loi du 27-28 juillet 1849, M. Benjamin Raspail avait proposé un article qui tendait à réprimer les *injures envers une fraction de l'assemblée nationale*. Cette proposition ne fut pas accueillie. Dans mon *Traité des délits de la Parole et de la Presse*, j'ai posé et j'ai résolu ces deux questions : « Dans quels cas y a-t-il offense envers une chambre? « A quels caractères peut-on reconnaître que l'offense est dirigée « contre la chambre et non contre quelques membres isolés? » Voyez t. 1er, 2e édit., p. 246, no 330.

III. — La cour de cassation vient de juger que ce délit ne peut être poursuivi qu'avec l'autorisation de l'assemblée. Voyez ci-devant page 13, no V.

3. L'attaque par l'un de ces moyens contre la liberté des cultes, le principe de la propriété et les droits de la famille, sera punie d'un emprisonnement d'un mois à trois ans, et d'une amende de cent francs à quatre mille francs.

I. — Cet article était ainsi conçu dans le projet du gouvernement : « L'attaque, par un de ces moyens, contre le droit de cha- « que citoyen à la liberté du culte qu'il professe, ou à l'inviolabili- « té de sa propriété, sera punie, etc. » Un membre de la commission, trouvant que la rédaction de l'article ne répondait pas aux besoins de la société actuelle, avait proposé de le remplacer par une disposition qui réprimerait les attaques dirigées contre la famille et contre le principe de la propriété. « Sans repousser au « fond la pensée qui a dicté cette proposition, la commission, a

« dit le rapporteur, n'a pas cru qu'elle dût trouver sa place dans
« le décret qui n'a point pour objet la création de délits nou-
« veaux, mais la rectification de quelques dispositions des lois
« anciennes. Elle a préféré s'en tenir à la rédaction du projet. »
Rapport de M. Berville. Les mots *contre le principe de la propriété
et les droits de la famille* ont été ajoutés après la discussion de
plusieurs amendements présentés par MM. Combarel de Leyval
et Jules Favre.

Examinons à présent chaque disposition de cet article.

II. — Quant au mot *attaque*, le rapporteur a fait, au sujet de
cet article comme sur l'art. 1er, la déclaration déjà rapportée
sur la liberté de discussion (voyez ci-devant p. 48, n° IV). Mais il
s'est engagé, sur ce point, au sujet de la propriété et de la famille,
une discussion fort intéressante, qui a expliqué plus spécialement, à cet égard, la pensée de la loi (Voyez ci-après, n° IV).

III. — La formule du projet du gouvernement sur le premier
délit réprimé par cet article a été modifiée par la discussion,
mais le sens est resté le même. L'*attaque contre la liberté des
cultes* exprime, avec plus de concision, l'idée renfermée dans
l'*attaque contre le droit de chaque citoyen à la liberté du culte
qu'il professe*. Ce délit n'est pas nouveau. Il était réprimé par
l'art. 3 de la loi du 25 mars 1822. Je me suis livré, au sujet de
ce dernier article, à des développements sur la portée qu'il doit
avoir, et sur la liberté de discussion philosophique et de controverse théologique. Voyez mon t. 1er, p. 289 à 301 et p. 319, 321.

IV. — L'attaque contre le *principe de la propriété* n'est pas
une disposition nouvelle. On aurait pu, à la rigueur, trouver
une sanction pénale contre les attaques de ce genre dans l'art. 8
de la loi du 17 mai 1819, qui réprime les offenses *contre la morale publique*. L'art. 5 n° 4 de cette même loi punissait l'attaque
formelle contre l'inviolabilité de toutes les propriétés. L'art. 3 de
la loi du 25 mars 1822 avait renouvelé la même disposition en
faisant disparaître le mot *formelle*. Enfin l'art. 8 de la loi du
9 septembre 1835 avait prévu d'une manière plus large et plus
générale l'attaque *contre la propriété*. La loi actuelle n'a rien
fait de nouveau à cet égard. Elle a emprunté à la loi du 9 septembre 1835 une disposition excellente, que le gouvernement
provisoire avait eu l'imprudence d'abroger. Toutefois, l'attaque
contre le *principe de la propriété* a un caractère plus large, une
tendance plus répressive, et exprime encore mieux les besoins
faits à la société par la révolution de février. C'est au sujet de
l'art. 8 de la loi de 1835 que M. de Salvandy avait distingué entre
l'attaque, dont le caractère est de pousser à la violence, et la
discussion qui a pour but de provoquer à la persuasion. Voyez

sur toutes ces dispositions des lois précitées, mon tome 1er, p. 319, 320, 321, n° 410, 411, 412.

Cette déclaration de M. de Salvandy a été reprise, on l'a vu, par le rapporteur de la nouvelle loi, M. Berville. Elle a été renouvelée par plusieurs orateurs dans le cours de la discussion, mais avec des explications spéciales qu'il ne faut pas négliger.

M. Saint-Romme voulait que le principe de la propriété ne fût pas protégé par une pénalité, parce que, comme tous les principes, il rentre dans les discussions philosophiques. M. Dupin aîné a répondu que la loi était des plus nécessaires. « Ce ne sont « pas seulement des discussions philosophiques qui ont eu lieu; « on est descendu dans la pratique, on y est descendu par des « écrits multipliés, par des doctrines professées, par des pro- « jets de loi essayés qui étaient à la fois une attaque contre la « propriété et une attaque contre les contrats ; c'était la néga- « tion de toute espèce de droits. Il y a une secte ou une faction « qui voudrait effacer le titre de la propriété dans le code civil et « le titre du vol dans le code pénal. Nous voulons maintenir l'un « et l'autre. Les lois sur le vol sont la sanction du droit de pro- « priété. L'attaque à la propriété tend à légitimer le vol... Quant « à la liberté des opinions théoriques, elle doit être grande; mais « la négation d'un droit positif, la négation d'un droit qui est le « fondement de la société, ne peut jamais être considérée « comme une opinion problématique qu'il soit permis de discu- « ter. L'attaquer est un délit. Je maintiens donc la rédaction qui « exprimera le plus fortement la nécessité de punir de telles « agressions. » M. Proudhon jeta dans la discussion des paroles pleines d'ironie en demandant qu'on interdît, « non pas l'attaque « à la propriété, mais la discussion du principe de la propriété, « et qu'on interdît, en conséquence, toute discussion du code « civil, du code de commerce, de l'économie politique, de sys- « tèmes socialistes... Si vous permettez, disait-il, la discussion « de la propriété, la propriété n'est pas en sûreté. Défendez la « discussion, c'est plus sûr, c'est plus franc, c'est plus légal. » M. Jules Favre répondit à M. Proudhon que la loi était sincère et qu'elle ne tendait de piéges à personne. « Nous voulons, a-t-il « dit, que toute attaque contre les idées sur lesquelles la société « repose soit interdite, et voici pourquoi : c'est que nous ne « voulons pas, pour servir la fortune de quelques ambitieux, « mettre en péril le salut de la patrie; c'est que nous savons trop « bien comment leurs utopies, colorées par les mensonges de « l'imagination, peuvent armer des mains criminelles et pousser « à l'émeute des hommes qu'on dit ensuite avoir été égarés... « Voilà le sens de la loi, voilà le sentiment de l'assemblée contre

« lequel nous ne permettrons pas, sous quelque forme que l'on
« se cache, que l'ironie puisse prévaloir...

« Nous ne voulons pas porter atteinte à la discussion philoso-
« phique ; nous entendons, au contraire, qu'elle demeure en-
« tière, et qu'aucune loi ne la puisse empêcher de se produire li-
« brement. Ainsi, toute espèce de théorie pourra être dévelop-
« pée sur la législation civile et criminelle ; *elle le sera aux périls*
« *et risques de ceux qui l'inscrivent sur leur bannière.* Mais, en-
« core un coup, lorsque dans la polémique descendront des at-
« taques ardentes, s'adressant aux passions, nous voulons que
« les bases de la société soient respectées et que des novateurs
« du genre de ceux que vous avez entendus ne puissent pas im-
« punément soulever dans leur pays le fléau de la guerre ci-
« vile. » Ce discours fut couvert de nombreuses marques d'approbation.

V. — M. Pierre Leroux avait demandé que l'on dît *la vraie pro-*
priété, et il citait pour exemple de la fausse propriété, l'usure,
l'intérêt de l'argent. M. Pierre Lefranc (des Pyrénées-Orientales)
demanda qu'après ces mots : *le principe de la propriété*, on
ajoutât ceux-ci : *tel qu'il sera défini par la Constitution.* Aucun
de ces amendements ne fut appuyé.

VI. — *L'attaque contre les droits de la famille* est un délit tout
à fait nouveau, provoqué par l'état actuel de la société. Le mot
attaque a le même sens que pour les autres dispositions du même
article. Voyez ci-dessus, p. 50, n. IV.

4. Quiconque, par l'un des moyens énoncés en
l'art. 1er de la loi du 17 mai 1819, aura excité à la
haine ou au mépris du gouvernement de la république, sera puni d'un emprisonnement d'un mois à
quatre ans, et d'une amende de cent cinquante francs
à cinq mille francs.

La présente disposition ne peut porter atteinte au
droit de discussion et de censure des actes du pouvoir
exécutif et des ministres.

I.—C'est la reproduction littérale de l'art. 4 de la loi du 25 mars
1822, d'où l'on a fait disparaître seulement les mots *du roi*, remplacés par ceux-ci : *de la république.* On peut voir les explications que j'ai données sur l'art. 4 de la loi de 1822, dans mon
tome 1er, 2e édition, p. 259, no 349, et p. 279 à 288, no 370 à 377,
et t. II, p. 402, 403, no 1811.

II. — M. Jules Favre avait proposé la rédaction suivante :

« Quiconque, par l'un des moyens énoncés en l'art. 1er, aura
« méchamment dénaturé les actes ou calomnié les intentions
« d'un membre ou d'un agent du gouvernement républicain. »
Sa proposition ne fut pas appuyée.

III. — L'article du projet portait *du gouvernement républicain*,
on y a substitué, sur la demande de M. Jules Favre, la rédaction
actuelle, *gouvernement de la république*. M. Jules Favre a dit :
« Il ne faut pas qu'on puisse croire que c'est au principe théo-
« rique du gouvernement républicain que ces attaques font al-
« lusion, mais bien au gouvernement en action, c'est-à-dire à
« l'ensemble de toutes les forces vives qui forment le gouverne-
« ment de la république. » Le ministre de l'intérieur, en appuyant
l'amendement, a dit : « Dans l'ancienne législation que nous
« modifions, on avait distingué la monarchie et le gouvernement
« du roi. La monarchie, c'est le principe du gouvernement; le
« gouvernement du roi, c'étaient toutes les forces vives du gou-
« vernement en action. Dans l'art. 1er, vous avez abrité la répu-
« blique, la Constitution et les institutions républicaines contre
« toute espèce d'attaques. En maintenant dans l'article en dis-
« cussion les mots *gouvernement républicain*, il y aurait équivo-
« que, on pourrait croire qu'il s'agit encore de l'ensemble des
« institutions déjà protégées par l'art. 1er; avec l'expression *gou-*
« *vernement de la république*, on reproduit la même pensée qu'il
« y avait dans l'expression *gouvernement du roi*, c'est-à-dire tou-
« tes les forces vives du gouvernement en action. »

Il n'était pas possible de mieux caractériser le sens et la portée de cette disposition ni de dire plus catégoriquement que la
lettre et l'esprit de l'art. 4 de la loi de 1822 sont adoptés et consacrés par la loi nouvelle. Les paroles de M. Jules Favre sont la
substance parfaitement formulée de la doctrine que j'ai ensei-
gnée dans mon tome 1er, pages 283 à 288.

IV. — J'ai cité précédemment (page 12, n. III) un arrêt qui a appliqué l'art. 4 de loi de 1822 à un article de journal publié avant
la loi du 11 août 1848.

5. L'outrage fait publiquement d'une manière quelconque, à raison de leurs fonctions ou de leur qualité, soit à un ou plusieurs membres de l'Assemblée
nationale, soit à un ministre de l'un des cultes qui
reçoivent un salaire de l'État, sera puni d'un emprisonnement de quinze jours à deux ans, et d'une
amende de cent francs à quatre mille francs.

Le projet de loi ne disait rien sur les ministres des cultes. Il reproduisait simplement le premier paragraphe de l'art. 6 de la loi du 25 mars 1822 en ce qui concerne les membres du corps législatif, en subtituant aux mots *membres de l'une des deux chambres*, ceux-ci : *membres de l'assemblée nationale*. C'était une simple rectification de texte appropriée aux circonstances. On y a introduit une autre rectification relative aux ministres des cultes. La loi de 1822 se servait de cette locution *ministres de la religion de l'État ou de l'une des religions dont l'établissement est légalement reconnu en France*. Les mots *ministres de la religion de l'État* étaient devenus une superfétation par suite de la charte de 1830. Les mots *ministres de l'une des religions dont l'établissement est légalement reconnu* suffirent à cette époque, sans qu'il fût nécessaire d'introduire dans cet article la moindre modification de texte. Il devait en être encore de même après la révolution de février. Aussi le gouvernement n'avait-il demandé sur cet article de la loi de 1822 aucune rectification autre que celle concernant les membres du corps législatif. Tout le reste de l'article devait être maintenu, sans modification grammaticale. La commission de l'assemblée a pensé qu'il y avait une rectification de ce genre à faire au 1er paragraphe de l'art. 6 de la loi de 1822 en ce qui concerne les ministres des cultes. Sous le maintien de ces termes : *ministres de l'une des religions légalement reconnues en France*, elle a vu la solution ou le préjugé d'une question grave intéressant la liberté des cultes et qui ne pouvait être décidée par voie d'énonciation ou de prétérition dans une loi transitoire. Elle a donc proposé « d'y substituer, en les insérant dans l'art. 5 du « projet, ces expressions, qui ne préjugent rien en droit et se « bornent à constater un fait, *l'outrage fait à un ministre de l'un* « *des cultes qui reçoivent un salaire de l'État.* » (Rapport de M. Berville.) Il n'y a là, on le voit, qu'un changement de rédaction à la loi de 1822. Mais la commission a oublié d'appliquer cette rectification grammaticale au 3e paragraphe du même article 6 de la loi de 1822. Ce n'est évidemment qu'une inadvertance, qui n'implique en aucune manière le rejet de ce paragraphe, pas plus que le silence du projet du gouvernement n'impliquait l'abrogation des autres paragraphes de cet article 6. Tous ces paragraphes restent en vigueur en vertu de l'art. 2 du décret du 6 mars 1848.

Quant au sens des divers paragraphes de cet article 6 de la loi de 1822, voyez sur l'ensemble de l'article mon tome 1er, pages 169, 244, 256, 414 à 417, 418 à 432, 446 à 448, 449, 455, 456; tome 2, pages 181, 182, 183, 184, 395 à 397.

Sur le § 1er de l'article, tome 1, pages 185, 308, 412, 440 à 443, 450, 487; tome 2, pages 27 à 30, 33, note 1, 408.

Sur le § 2, voyez tome 1, pages 185, 445, 446 ; tome 2, pages 27 à 30, 175, 408, 409.

Sur le § 3, tome 1, p. 463 à 467 ; tome 2, pages 30, 31.

Sur le § 4, tome 1, pages 185, 448, 449, 463, 466.

Sur le § 5, tome 1, pages 448, 449, 463, 466.

6. Seront punis d'un emprisonnement de quinze jours à deux ans, et d'une amende de cent francs à quatre mille francs :

1° L'enlèvement ou la dégradation des signes publics de l'autorité du gouvernement républicain, opéré en haine ou mépris de cette autorité ;

2° Le port public de tous signes extérieurs de ralliement non autorisés par la loi ou par des règlements de police ;

3° L'exposition dans des lieux ou réunions publics, la distribution ou la mise en vente de tous signes ou symboles propres à propager l'esprit de rébellion ou à troubler la paix publique.

I. C'est la reproduction de l'art. 9 de la loi du 25 mars 1822, sauf les changements de rédaction nécessités par le nouvel ordre politique. Je renvoie donc à ce que j'ai dit sur cet article dans mon précédent ouvrage.

Voyez sur le § 1, mon tome 1, pages 185, 222, 259, 260 ; tome 2, pages 148, 149.

Sur le § 2, mon tome 1, pages 259, 260 ; tome 2, pages 148, 149.

Sur le § 3, tome 1, pages 36, 259, 260 ; tome 2, pages 148, 149, et sur d'autres questions de procédure le tome 2, pages 338, 363, 379, 380.

II. — Le préfet de police (M. Rebillot), dans une circulaire adressée aux commissaires de police de Paris, les a invités à prendre les mesures nécessaires pour faire disparaître des enseignes de plusieurs établissements ouverts par des associations ouvrières, le *niveau triangulaire*. « Cet emblème, dit la circulaire, adopté « par le parti socialiste, outre qu'il réveille de tristes souvenirs « et jette l'inquiétude parmi la portion paisible de la population, « n'est pas reconnu par le gouvernement de la république ; il a, « par conséquent, un caractère séditieux. » (Rapportée sans date par la *Gazette des Tribunaux*, du 13 octobre 1849). Une circulaire du ministre de l'intérieur (M. Dufaure) aux préfets, indiquée par quelques journaux, qui n'en donnent ni la date ni le texte, leur enjoint de faire disparaître des enseignes les emblèmes séditieux, dont elle fait l'énumération, en exceptant ceux qui se rapportent aux institutions maçonniques.

III. — M. le garde des sceaux (Odilon Barrot) a écrit aux procureurs-généraux que, « consulté plusieurs fois sur la question de « savoir si le cri de : *vive la république sociale* et si l'exhibition du « *drapeau rouge* peuvent constituer des délits, il répondait, avant « les derniers événements (du 13 juin 1849), que la poursuite de- « vait se subordonner aux circonstances. Aujourd'hui, ajoute-t- « il, ma réponse sera beaucoup plus absolue : un cri et des cou- « leurs qui sont devenus le signal et le symbole de la guerre ci- « vile ne sauraient désormais rester impunis. » Circulaire du 22 juin 1849.—Le cri de : *Vive la république démocratique et sociale* a été jugé être un cri séditieux.Paris, 18 août 1849 ; G. T. 19. Un arrêt de la chambre d'accusation de la cour de Rouen du mois de mai 1849 a renvoyé devant la cour d'assises de la Seine-Inférieure le sieur Salva pour avoir fait reconnaître un capitaine de la garde nationale, dont il était le chef, *au nom de la république démocratique et sociale.* Le jury ayant reconnu le fait, la cour d'assises, par arrêt du 4 juin 1849, a condamné le sieur Salva à cinq mois d'emprisonnement et 500 fr. d'amende pour attaque à la Constitution, par application de l'art. 1er du décret du 11 août 1848. G. T. 5.

7. Quiconque, par l'un des moyens énoncés en l'article 1er de la loi du 17 mai 1819, aura cherché à troubler la paix publique en excitant le mépris ou la haine des citoyens les uns contre les autres, sera puni des peines portées en l'article précédent.

Ce délit était réprimé par l'art. 10 de la loi du 25 mars 1822 et par l'art. 8 de la loi du 9 septembre 1835, qui avait laissé subsister à cet égard la disposition de la loi de 1822, reproduite par la nouvelle loi, sauf un changement de texte relatif aux classes. Voyez mon tome 1er, pages 344 à 354 et tome 2, pages 24, 25, 33, 186, 403.

8. L'article 463 du code pénal est applicable aux délits de la presse.

I. — Cet article a été introduit lors de la discussion devant l'assemblée nationale. Il est le résultat d'un amendement produit par MM. Bourzat, Bac et Bertholon, dont la 2e partie a été adoptée. Mais leur amendement restreignait l'application de l'ar-

ticle 463 aux cas où l'emprisonnement et l'amende étaient « pro-
« noncés par le présent décret. » M. Marie, ministre de la justice,
a adopté ce principe, en en faisant l'application « aux délits de
« la presse comme à tous les autres. » Ainsi, aujourd'hui, tous les
délits de la presse, régis par le nouveau décret ou par les lois précédentes, profitent du bénéfice des circonstances atténuantes.
Un arrêt tout récent de la cour de cassation vient de juger que cet
article ne s'applique pas aux *contraventions* en matière d'imprimerie, notamment à celles qui sont réprimées par la loi de 1814.
C. C. 9 novembre 1849; G. T. 10. Voyez ci-après sur l'art. 23 de la
loi du 27 juillet 1849.

II. — Par qui les circonstances atténuantes devront-elles être
déclarées, lorsque la prévention sera de la compétence des cours
d'assises, statuant avec l'assistance du jury? Le texte de cet article est muet à cet égard et la discussion n'a produit aucune explication; il suit de là que, sous l'empire de ce décret, la déclaration n'appartient pas au jury. Elle doit émaner de la cour,
puisqu'il ne s'agit pas d'un crime. Mais la question aujourd'hui
est oiseuse. Elle a été tranchée par l'art. 23 de la loi du 27 juillet
1849. Voyez ci-après sur cet article et voyez aussi ce que j'ai déjà
dit au sujet de cette question à propos de l'art. 18 du décret du
28 juillet—2 août 1848, sur les clubs, pages 38 et 39.

III. — *Quid*, de la majorité nécessaire pour les circonstances
atténuantes? Voyez ci-après sur l'art. 84 de la Constitution et sur
l'art. 23 de la loi du 27 juillet 1849.

———

ARRÊTÉ DU PRÉFET DE POLICE DU 19 AOUT 1848 (DUCOUX),

Concernant les vendeurs d'écrits sur la voie publique.

Nous, représentant du peuple, préfet de police,

Vu : 1° la loi du 16 février 1834, ainsi conçue :

« Art. 1er. Nul ne pourra exercer, même temporairement, la profession de crieur, vendeur ou distributeur sur la voie publique, d'écrits, dessins ou emblêmes, imprimés, lithographiés, autographiés,
moulés, gravés ou à la main, sans autorisation préalable de l'autorité municipale. Cette autorisation
pourra être retirée. Les dispositions ci-dessus sont
applicables aux chanteurs sur la voie publique.

« Art. 2. Toute contravention à la disposition ci-dessus sera punie d'un emprisonnement de six jours à deux mois pour la première fois, et de deux mois à un an, en cas de récidive. Les contrevenants seront traduits devant les tribunaux correctionnels, qui pourront, dans tous les cas, appliquer les dispositions de l'art. 463 du code pénal. »

2° La loi du 16-24 août 1790, et les arrêtés du gouvernement des 12 messidor an 8 et 3 brumaire an 9 ;

Considérant que les crieurs, vendeurs ou distributeurs d'écrits, dessins, etc., s'assemblent journellement en grand nombre dans les rues, places et carrefours les plus fréquentés ; qu'ils gênent la circulation et entravent la liberté de la voie publique ;

Considérant, en outre, que les crieurs dénaturent continuellement le titre et le contenu des écrits qu'ils annoncent, et qu'ils nuisent ainsi à la tranquillité de la ville, en semant de fausses nouvelles et en répandant l'inquiétude ;

Considérant, d'un autre côté, qu'il est de notre devoir de prendre les mesures nécessaires pour assurer la libre publication de la pensée, en régularisant l'exercice du droit et en lui donnant toutes les garanties désirables ;

Ordonnons ce qui suit :

Art. 1er. Toutes les autorisations accordées jusqu'à ce jour, pour exercer sur la voie publique le métier de crieur, vendeur ou distributeur d'écrits, dessins ou emblêmes imprimés, lithographiés, autographiés, moulés, gravés ou à la main, sont révoquées à partir du 21 de ce mois.

Art. 2. Toute personne qui voudra exercer le métier de vendeur d'écrits, etc., sur la voie publique, devra se pourvoir auprès du préfet de police pour obtenir une nouvelle autorisation.

L'autorisation fixera le lieu où stationnera celui qui l'aura obtenue.

Art. 3. Chaque vendeur sera porteur, pendant qu'il exercera son industrie, d'une médaille portant le numéro de la permission et le nom du vendeur.

Art. 4. Toute vente ambulante d'écrits est interdite sur la voie publique.

Art. 5. Il est interdit également de provoquer les passants en criant ou annonçant les écrits mis en vente.

Art. 6. L'infraction aux règles qui précèdent sera punie par le retrait de l'autorisation, sans préjudice des peines portées par la loi.

Art. 7. L'ordonnance de police sur les crieurs, du 19 octobre 1839, est et demeure rapportée.

Art. 8. Les commissaires de police, le chef de la police municipale, les officiers de paix et les agents de la préfecture de police, sont chargés de l'exécution de la présente ordonnance.

Cet arrêté reconnaît de la manière la plus formelle que la loi du 16 février 1834 n'a pas cessé d'exister. Cf. Au surplus, ci-après la loi du 21-23 avril 1849, art. 2. Quant aux lois concernant les distributeurs, vendeurs et crieurs d'écrits sur la voie publique, voyez mon tome Ier, page 41, 137, 161, 185, 707, 708, 709 à 711, et tome II, page 195.

—

ARRÊTÉ DU 21 AOUT 1848 (CAVAIGNAC),

Qui suspend plusieurs journaux (1).

Le président du conseil, chargé du pouvoir exécutif,

---

(1) Ne se trouve ni dans le *Bulletin des Lois*, ni dans la collection de Duvergier.

Vu le décret de l'assemblée nationale en date du 24 juin 1848, et ainsi conçu :

« Art. 2. Paris est mis en état de siége.

« Art. 3. Tous les pouvoirs exécutifs sont délégués au général Cavaignac. »

Vu le décret du 28 juin, ainsi conçu :

« L'assemblée nationale confère le pouvoir exécutif au général Cavaignac, qui prendra le titre de président du conseil des ministres. »

Vu les journaux : le *Représentant du peuple*, le *Père Duchêne*, le *Lampion*, la *Vraie république*, actuellement imprimés et publiés à Paris ;

Le conseil des ministres entendu,

Considérant que ces journaux, par les doctrines qu'ils professent contre l'état, la famille et la propriété, par les excitations violentes qu'ils fomentent contre la société, les pouvoirs publics émanés de la souveraineté du peuple, contre l'armée, la garde nationale, et même contre les personnes privées, sont de nature, s'ils étaient tolérés davantage, à faire renaître, au sein de la cité, l'agitation, le désordre et la guerre ;

Considérant que ces publications, répandues à profusion et souvent gratuitement dans les rues, sur les places, dans les ateliers et dans l'armée, sont des instruments de guerre civile et non des instruments de liberté ;

Arrête :

Art. 1ᵉʳ. A dater de ce jour, les journaux le *Représentant du Peuple*, le *Père Duchêne*, le *Lampion*, la *Vraie République*, sont et demeurent suspendus.

Art. 2. Défense est faite à tous gérants, imprimeurs ou éditeurs de ces journaux, de les imprimer, éditer ou publier, jusqu'à ce qu'il en soit autrement ordonné.

En cas de contravention aux présentes, le journal publié sera immédiatement saisi, les presses seront mises sous scellés, et les contrevenants seront poursuivis et punis conformément aux lois.

Art. 3. le présent arrêté sera notifié aux gérants, rédacteurs, imprimeurs, éditeurs, publicateurs desdits journaux, à la diligence de M. le préfet de police, chargé d'en assurer l'exécution.

Art. 4. Ledit arrêté sera publié et affiché.

Voyez les observations qui ont été faites précédemment, pages 22 à 27.

—

ARRÊTÉ DU 24 AOUT 1848 (CAVAIGNAC),

Qui suspend la Gazette de France (1).

Le président du conseil, chargé du pouvoir exécutif,

Vu le décret de l'assemblée en date du 24 juin 1848, et ainsi conçu :

« Art. 2. Paris est mis en état de siége.

« Art. 3. Tous les pouvoirs exécutifs sont délégués au général Cavaignac. »

Vu le décret du 28 juin, ainsi conçu :

« L'assemblée nationale confère le pouvoir exécutif au général Cavaignac, qui prendra le titre de président du conseil des ministres. »

Vu le journal la *Gazette de France*, actuellement imprimé et publié à Paris;

Le conseil des ministres entendu,

---

(1) Ne se trouve ni dans le *Bulletin des Lois*, ni dans la collection de Duvergier.

Considérant que ce journal contient des attaques incessantes contre la république, et des excitations tendant à détruire cette forme de gouvernement, pour y substituer la forme monarchique;

Considérant que ces attaques et ces excitations sont de nature, dans les circonstances actuelles, à armer les citoyens les uns contre les autres, et à soulever ainsi la guerre civile à Paris et dans les départements,

Arrête :

Art. 1ᵉʳ. A dater de ce jour, le journal la *Gazette de France* est et demeure suspendu.

Art. 2. Défense est faite à tout gérant, imprimeur ou éditeur de ce journal, de l'imprimer, éditer ou publier jusqu'à ce qu'il en soit autrement ordonné.

En cas de contravention aux présentes, le journal publié sera immédiatement saisi, les presses seront mises sous scellés, et les contrevenants seront poursuivis et punis conformément aux lois.

Art. 3. Le présent arrêté sera notifié aux gérant, rédacteur, imprimeur, éditeur, publicateur dudit journal, à la diligence de M. le préfet de police, chargé d'en assurer l'exécution.

Art. 4. Ledit arrêté sera publié et affiché.

Même observation et renvoi que ci-dessus, aux pages 22 à 27.

CONSTITUTION DE LA RÉPUBLIQUE DU 4—10 NOVEMBRE 1848.

Art. 83. La connaissance de tous les délits politiques et de tous les délits commis par la voie de la presse appartient exclusivement au jury.

Les lois organiques détermineront la compétence en matière de délits d'injures et de diffamation contre les particuliers.

I. — Cet article respecte la distinction entre les délits *commis par la voie de la presse*, justiciables du jury, et les contraventions matérielles, commises à l'occasion de la presse, qui appartiennent à la juridiction correctionnelle. Quant aux *délits politiques*, la Constitution ne les définit point. Elle s'en rapporte à la législation antérieure et aux lois qui pourront, plus tard, intervenir. Voyez ci-après à l'occasion de l'article 5 de la loi du 27 juillet 1849, n° III. Sur les délits politiques, voyez mon tome II, pages 140, 144 à 146, 147, 148, 188, 189, 338, 363, 379, 643.

II. — Le projet attribuait au jury la connaissance des délits commis par la voie de la presse *ou de tout autre moyen de publication.* Ces termes illimités auraient renvoyé au jury les délits d'injures verbales même contre les simples particuliers, ce qui eût créé une véritable impossibilité par suite du très-grand nombre de ces délits, qu'il aurait fallu renoncer à poursuivre, à moins de tenir le jury en permanence. Les mots ci-dessus indiqués ont été retranchés à la deuxième lecture. Ce qui devait être consacré en principe par la Constitution, c'était le jugement des délits de la presse par le jury. Le reste devait être réglementé par la loi organique, chargée de renvoyer, soit devant le jury, soit devant la police correctionnelle. La rédaction proposée et adoptée ne touche pas aux lois existantes pour la compétence en matière de délit commis oralement. En fait de délits de publication commis oralement, il est de principe que ces lois attribuent au tribunal correctionnel seulement les délits d'injures, d'outrages et de diffamation contre les fonctionnaires et contre les simples particuliers. C'est ce qui résulte du texte et de l'esprit de l'art. 14 de la loi du 26 mai 1819, ainsi interprété constamment par la jurisprudence et la doctrine. Tous les autres délits de publication commis par la voie de la parole sont de la compétence du jury. Voyez à cet égard mon tome 2, pages 180 et suivantes, n°s 1396 et suivants, pages 185 et suivantes, n°s 1402 et suivants. On a fait remarquer, avec raison, lors de la seconde lecture de l'art. 83, que les délits oraux de publication, autres que les délits d'injures, d'outrages et de diffamation, ont un caractère politique qui, à ce titre, réclament l'intervention du jury et sont renvoyés devant lui par les premiers mots de l'art. 83 relatifs aux délits politiques. Cette observation a été faite par M. Vivien, au nom du comité de constitution.

III. — Il ne faut pas conclure de cette observation que le jury connaîtra, comme infractions politiques, des délits de diffamation, d'injure, d'outrage contre les fonctionnaires à raison de leurs fonctions, quoique ces délits aient été commis verbalement. Cette question spéciale a été réservée; car c'est précisément à cause des infractions de ce genre que la première rédaction de l'art. 83 a été modifiée. On a voulu que ces délits, sans distinction, restassent soumis à la juridiction existante. Les délits depublication commis oralement qui demeurent réservés à la connaissance du jury, sont, entre autres, les cris séditieux, le délit d'excitation à la haine entre les citoyens, et tant d'autres délits contre le gouvernement, la morale, la religion, la propriété, la famille, réprimés par les lois dites de la presse tant anciennes que nouvelles.

La question a été soulevée à l'occasion d'un délit d'outrage verbal commis contre un commissaire de police *dans* l'exercice de ses fonctions. On invoquait notamment l'article 83 de la Constitution. M. l'avocat-général Sevin répondait à cet égard, devant la cour suprême, que cet article se borne à renvoyer devant la cour d'assises les délits politiques et les délits de presse, double catégorie dans laquelle ne sont pas comprises les diffamations verbales contre les fonctionnaires. La cour de cassation a rejeté le pourvoi formé contre la décision qui avait reconnu la compétence du tribunal correctionnel parce que la poursuite avait été faite dans les termes de l'art. 222 du code pénal, sans qu'il y eût lieu de se préoccuper des lois sur la compétence en matière de délits politiques et de délits de presse, lois inapplicables à une telle poursuite. C. C. 7 septembre 1849. rejet; G. T. 8. Il y aurait, dans l'arrêt, un motif assez étrange, s'il fallait en croire le compte-rendu de ce recueil, qui d'ailleurs ne donne pas le texte de la décision. L'arrêt serait fondé, en outre, sur ce que, dans l'espèce, aucune plainte n'avait été portée et que la poursuite était exercée d'office. Ce motif, s'il existe, ce dont je doute, devrait être considéré comme non avenu, car il ne repose absolument sur rien, ni au point de vue du moyen tiré de l'art. 83, ni sous le rapport du moyen relatif aux articles 6, 10 et 16 de la loi du 28 juillet—2 août 1848, sur les clubs. Voyez ci-devant, p. 29 et suiv.

III *bis*.—Un autre arrêt rendu le même jour par la cour suprême a jugé que, bien que le délit dénoncé par une plainte contre un fonctionnaire public fût un délit politique, cependant la poursuite en dénonciation calomnieuse formée par le fonctionnaire contre l'auteur de la plainte sur laquelle est intervenue une ordonnance de non-lieu, n'a pas, par cela même, un caractère politique, et dès lors le tribunal correctionnel reste compétent pour en connaître. C. C, 7 septembre 1849; G. T. 8.

IV.—Le § 1er de l'art. 83 n'attribue au jury que la connaissance des délits *commis par la voie de la presse*. Il suit de là que les délits de ce genre, commis par la voie de l'écriture, du dessin, d'un emblème, pourront être déférés par la loi organique à une autre juridiction. En attendant, ces délits restent soumis à la juridiction établie par les lois antérieures à la Constitution de 1848. Cette juridiction, c'est le jury. Voyez mon tome 2e, pages 179 et suivantes, nos 1394 et suivants. C'est d'ailleurs ce qui a continué à être pratiqué depuis la promulgation de la Constitution, sans aucune objection, ni difficulté. Voyez une affaire de diffamation contre un fonctionnaire par la voie d'un placard manuscrit, jugée par la cour d'assises du Nord, le 3 mai 1849 ; G. T. 26.

V. On a vu précédemment (page 12) que l'art. 2 du décret du 6 mars 1848 maintient la loi du 25 mars 1822. Le décret du 11 août de la même année contient les mêmes dispositions (page). Il suit de là que les art. 7 et 16 de ladite loi, relatifs au délit de compte-rendu des audiences, demeuraient en vigueur sous l'empire de ces décrets, même pour ce qui concerne la juridiction spéciale créée par l'art. 16. Depuis la promulgation de l'art. 83 de la Constitution qui *attribue exclusivement au jury la connaissance de tous les délits commis par la voie de la presse*, on s'est demandé si cet article 83 n'avait pas abrogé, par cela même, l'art. 16 de la loi du 25 mars 1822 et fait rentrer la connaissance du délit de compte-rendu infidèle dans les attributions du jury. Mais on a répondu que l'art. 83 n'avait pas dit autre chose que ce qu'avaient dit l'art. 69 de la charte de 1830 et surtout la loi du 8 octobre 1830. Cette loi, tout en attribuant au jury la connaissance de *tous les délits commis par la voie de la presse* (art. 1er), avait fait une exception, qui n'avait rien d'inconstitutionnel, pour le délit de compte-rendu, et avait maintenu expressément la juridiction particulière créée pour ce délit par les art. 15 et 16 de la loi de 1822 (art. 3 de la loi de 1830). On a conclu de là que l'art. 83 de la Constitution n'a point abrogé la distinction si bien établie par la loi du 8 octobre 1830. L'art. 3 doit être considéré comme compris dans les lois existantes que l'art. 112 de la Constitution a entendu maintenir. Pour détruire et abroger la disposition des lois de 1830 et de 1822, il eût fallu dans l'art. 83 une déclaration qui est loin de s'y rencontrer. C'est donc avec raison que la haute-cour de justice séant à Versailles a reconnu sa compétence par un arrêt du 26 octobre 1849, rendu contre le gérant de la *Tribune des Peuples,* qui avait demandé à être jugé par le jury (G. T. 27). Mais le 6 septembre 1849 le tribunal correctionnel de Lille a jugé le contraire (G. T. 9). Par arrêt du 4 décembre 1849, la cour d'appel de Douai a confirmé cette sentence (G. T.), qui a été cassée par la cour suprême le 4 juillet 1850 (G. T. 6).

VI. Le 2e paragraphe de l'art. 83 a été adopté, lors de la seconde lecture, sur la proposition de MM. Valette et Haot. Cette disposition s'applique aux délits d'injure et de diffamation commis par la voie de la presse contre les simples particuliers. « Ainsi, dans l'état actuel, dit avec raison M. Duvergier, la compétence reste telle qu'elle est pour les délits d'injure et de diffamation. » (Collection des lois et ordonnances, 1848, page 598). Voyez mon tome 2, pages 152, nos 1366 et suiv.

84. Le jury statue seul sur les dommages-intérêts réclamés pour faits ou délits de presse.

I. — La loi brésilienne (art. 32) veut que la question des dommages-intérêts soit résolue par le jury. Voyez mon tome 2, page 443, n° 1884 et suivants et page 802.

II. — Les dommages-intérêts ne se composent pas exclusivement d'une condamnation à une somme d'argent. La condamnation à l'affiche du jugement à intervenir, celle à son insertion dans un journal, à la publication par la voie de l'impression ordinaire, sont tout autant de modes de réparation civile qui constituent chacun, en semble ou séparément, des dommages-intérêts, sur lesquels le jury doit être consulté et doit seul statuer. Voyez ci-après nos III, V, VI.

III. L'art. 33 de la loi brésilienne déjà citée décide que, lorsque le jury aura répondu qu'il n'y a pas abus, il n'y aura pas à s'occuper de la question des dommages-intérêts contre le prévenu. La question à résoudre par le jury brésilien est complexe. On ne lui demande pas seulement s'il y a *délit* ou si le prévenu est *coupable*, mais s'il y a *abus*, ensuite s'il est *coupable*, puis quelle *peine* il a encourue (art. 32); il est évident dès lors que, s'il commence par répondre qu'il n'y a pas *abus*, il n'a plus à s'occuper de rien, car il n'y a ni un délit, ni même une faute à reprocher au prévenu. Voyez le texte de ces articles dans mon tome 2, page 802 de la 2e édition. Tel n'est pas le système organisé par l'art. 84 de notre nouvelle Constitution. Cet article laisse exister les choses dans l'état où elles étaient avant la révolution. Le jury est interrogé d'abord sur un fait délictueux ; on lui demande si le prévenu est *coupable*. La peine est ensuite appliquée par la cour en cas de déclaration de culpabilité. Seulement l'art. 84 veut que ce soit le jury et non la cour qui statue sur les dommages-intérêts. Mais cet article, en disant que le jury statue seul sur les dommages-intérêts pour *faits* ou *délits* de presse, donne suffisamment à entendre qu'il est compétent pour accorder ces dommages-intérêts, soit que le prévenu ait été condamné, et dans ce cas il y a *délit*, soit qu'il ait été acquitté, et, dans ce cas, c'est un simple *fait de presse*. Ainsi, la Constitution elle-même justifie l'ancienne jurisprudence, contre laquelle on avait si hautement, si injustement réclamé, et d'après laquelle, en cas d'acquittement pour délit de presse, le prévenu pouvait être condamné à des dommages-intérêts au profit de la partie civile. La juridicité de cette jurisprudence est donc confirmée dans le passé ; elle est mise désormais pour l'avenir à l'abri de toute difficulté. C'est aussi ce qui a été pratiqué sous l'empire de la nouvelle Constitution par la cour d'assises du Nord le 3 mai 1849 (G. T. 26). Seulement, autrefois les dommages-intérêts étaient alloués par la cour; ils le sont aujourd'hui par le jury. Mais le principe sur le droit d'allocation en cas d'acquittement est confirmé, Voyez sur ce point mon tome 2, pages 441 et suivantes, nos 1881 et suivants.

IV. — Mais supposons que ce ne soit pas le plaignant, la partie civile, qui réclame des dommages-intérêts contre le prévenu, en cas d'acquittement de ce dernier, *quid*, lorsque ces dommages-intérêts sont demandés, audience tenante, par le prévenu lui-même acquitté contre la partie civile? Le prévenu a incontestablement le droit de les réclamer et de s'en faire adjuger, s'il y a lieu (articles 358, 359, 366 du code d'instruction criminelle). Mais qui statuera, le jury ou la cour d'assises? La question s'est présentée et la cour d'assises de la Gironde l'a décidée implicitement en faveur de sa compétence, à l'exclusion de celle du jury, en statuant elle-même sur les dommages-intérêts réclamés par le prévenu contre la partie civile. Le pourvoi formé contre cet arrêt était fondé sur ce moyen. Mais la cour de cassation n'a pas eu à statuer à cet égard, l'arrêt ayant été cassé par un autre motif (Voyez C. C. 28 juillet 1849 ; G. T. 29).

Je n'hésite pas à dire que l'arrêt de la cour d'assises de la Gironde était, sur ce point, à l'abri de toute censure. Le droit commun crée, à cet égard, la compétence des cours d'assises. Il a fallu un article de la Constitution pour les dépouiller de cette attribution lorsque les dommages-intérêts sont réclamés pour *faits* ou *délits de presse*, c'est-à-dire lorsque c'est la partie civile qui les réclame. Mais le prévenu, qui se plaint de la poursuite, ne fonde sa réclamation ni sur un *délit* ni sur un *fait de presse* émané de la partie civile. Il se plaint, il est vrai, du fait de celle-ci; mais ce fait est une action témérairement engagée, ce n'est point un *fait de presse*. On reste donc dans le droit commun tel qu'il est formulé par les articles 358, 359, 366 du code d'instruction criminelle. C'est sur ces articles seuls que repose le droit du prévenu de requérir à l'instant des dommages-intérêts. Il doit suivre ces articles dans la marche qu'ils tracent pour le jugement de sa réclamation. C'est donc la cour d'assises qui est compétente et non le jury.

V. — Comment le jury statuera-t-il sur les dommages-intérêts? Décidera-t-il par un seul verdict, en même temps sur la culpabilité et les dommages-intérêts de la partie civile? Ou bien statuera-t-il d'abord sur la culpabilité, et, après son verdict sur ce point, lu et prononcé à l'audience, en rendra-t-il un second séparément sur les dommages-intérêts?

L'art. 84 a été appliqué pour la première fois, le même jour, de la même manière, par deux cours d'assises différentes. Dans l'affaire jugée le 3 mai 1849 par la cour d'assises de la Seine contre le journal l'*Assemblée nationale*, sur la plainte de M. Marrast, le président remit d'abord au jury les questions relatives à la culpabilité. Après la lecture du verdict qui reconnaissait la culpabilité, l'avoué de M. Marrast, partie civile, prit des conclusions contre le prévenu, en demandant une condamnation à 15,000 francs de dommages-intérêts et l'insertion de l'arrêt dans plusieurs journaux. La cour, après en avoir délibéré, décida que la question devait être soumise au jury. M. Marrast déclara renoncer à sa demande de dommages-intérêts; mais son avoué, M⁰ Pean, dit qu'il persistait dans les conclusions relatives à l'insertion de l'arrêt dans les journaux. Le président fit observer que cette insertion étant une réparation à titre de dommages-intérêts, le jury devait prononcer. L'avoué persista alors dans toutes ses conclusions. Les questions soumises au jury ont été celles-ci : Y a-t-il lieu d'accorder des dommages-intérêts? quelle somme doit être accordée? Le président dit que les jurés verraient s'ils devaient accorder les insertions seulement, à titre de dommages-intérêts. Le jury rapporta un verdict négatif sur les deux questions (G. T. 4 mai).

Devant la cour d'assises du Nord, on remit d'abord au jury les questions relatives à la culpabilité. Après son verdict, qui, cette fois, était négatif, la partie civile prit des conclusions en dommages-intérêts et demanda à la cour de statuer elle-même une condamnation. La cour se déclara incompétente. Des conclusions furent prises alors par la partie civile pour saisir le jury. Le président posa les deux questions suivantes : 1° Y a-t-il lieu d'accorder des dommages-intérêts à raison des faits dont le prévenu a été déclaré non-coupable? — 2° A quelle somme le jury arbitre-t-il les dommages-intérêts? Le jury rapporta un verdict négatif. G. T. 26 mai 1849.

Devant la cour d'assises de la Gironde, les choses s'étaient passées autrement. On remit au jury toutes les questions sur la culpabilité et sur les dommages-intérêts, et il statua en même temps sur le tout par un seul verdict. Il y eut pourvoi, et ce moyen fut rejeté par la cour suprême, qui décida que le jury avait pu agir ainsi, alors que la cause était en état sur les deux chefs. C. C. 28 juillet 1849, rejet sur ce moyen; G. T. 29.

En l'absence de toute disposition légale, la cour de cassation devait rejeter le pourvoi. On peut, en effet, procéder de l'une et de l'autre manière. Mais pour que le jury soit saisi en même temps des deux questions, il faut que la cause soit en état sur les dommages-intérêts comme sur la culpabilité.

VI. — Le décret du 18 octobre 1848 veut que le verdict du jury se forme sur la culpabilité à la majorité de plus de sept voix. Cette majorité n'est pas nécessaire pour la partie du verdict relative à la condamnation aux dommages-intérêts réclamés par la partie civile. Sur ce chef, la condamnation peut être prononcée à la simple majorité. C. C. 28 juillet 1849, cassation ; G. T. 29. Dans l'affaire jugée par la cour d'assises du Nord, dont il a été parlé ci-dessus, le président avait averti le jury que son vote devait avoir lieu à la simple majorité de sept voix (G. T. 26 mai 1849). Indépendamment des raisons tirées du texte même du décret du 18 octobre 1848, il existe en faveur de cette jurisprudence une raison d'analogie tirée d'une loi rendue depuis la révolution de février. En matière de crime ou délit électoral, les dommages-intérêts réclamés à raison de crimes ou délits commis par des fonctionnaires sont de la compétence du jury. L'art. 120 de la loi du 15-18 mars 1849 a eu soin de dire que le jury prononcerait sur les dommages-intérêts à *la simple majorité*. Dans tous ces cas, en effet, il s'agit, non d'une peine, mais de la réparation d'un préjudice.

ANNÉE 1849.

LOI DES 8 ET 28 FÉVRIER ET 15-18 MARS 1849 (1).

Loi électorale.

106. Ceux qui, soit par voies de fait, violences ou menaces contre un électeur, soit en lui faisant craindre de perdre son emploi, ou d'exposer à un dommage sa personne, sa famille ou sa fortune, l'auront déterminé ou auront tenté de le déterminer à s'abstenir de voter, ou auront soit influencé, soit tenté d'influencer son vote, seront punis d'un emprisonnement d'un mois à un an, et d'une amende de cent francs à deux mille francs.

La peine sera du double si le coupable est fonctionnaire public.

---

(1) Le *Bulletin des Lois* donne ces diverses dates, sauf la dernière. Le 8 février est le jour de la première lecture ; le 28, celui où la seconde lecture a été terminée ; le 15 mars, le jour de l'adoption après la troisième lecture. Tous ces chiffres sont inutiles, à l'exception du 15 mars, jour de l'adoption. Les autres sont un embarras et une confusion. Le 18 mars, est le jour de la promulgation au bulletin officiel. Il suffirait de désigner les lois par le jour de leur adoption.

107. Ceux qui, à l'aide de fausses nouvelles, bruits calomnieux, ou autres manœuvres frauduleuses, auront surpris ou détourné, tenté de surprendre ou de détourner des suffrages, déterminé ou tenté de déterminer un ou plusieurs électeurs à s'abstenir de voter, seront punis d'un emprisonnement d'un mois à un an, et d'une amende de cent francs à deux mille francs.

Sur les fausses nouvelles, Cf. ci-après l'art. 4 de la loi du 27-29 juillet 1849.

112. Les membres d'un collége électoral qui, pendant la réunion, se seront rendus coupables d'outrages ou de violence, soit envers le bureau, soit envers l'un de ses membres, ou qui, par voies de fait ou menaces, auront retardé ou empêché les opérations électorales, seront punis d'un emprisonnement d'un mois à un an, et d'une amende de cent francs à deux mille francs.

Si le scrutin a été violé, l'emprisonnement sera d'un an à cinq ans et l'amende de mille francs à cinq mille francs.

116. Les condamnations encourues en vertu des articles précédents emporteront l'interdiction du droit d'élire et d'être élu.

Cette interdiction sera prononcée par le même arrêt pour un an au moins et cinq ans au plus.

117. Les crimes et délits prévus par la présente loi seront jugés par la cour d'assises.

L'art. 463 du code pénal leur est applicable.

Lorsque, en matière de délits, le jury aura reconnu l'existence des circonstances atténuantes, la peine prononcée par la cour ne s'élèvera jamais au-dessus du minimum déterminé par la présente loi.

Dans le même cas, la cour pourra ne pas prononcer l'interdiction du droit d'élire ou d'être élu.

I. — Cet article détermine la compétence du jury pour les simples délits prévus par cette loi. La raison de cette compétence c'est que toutes ces infractions sont des délits politiques. Voyez l'article 83 de la Constitution.

II. — Le 3e paragraphe porte que le jury déclarera l'existence des circonstances atténuantes, même en matière de simples délits. Il veut, en outre, que, dans le cas où les circonstances auront été reconnues par le jury, la cour soit tenue de ne pas élever la peine au-dessus du minimum fixé par la loi. Cette disposition et celle du 3e paragraphe ont été introduites sur la proposition de M. Valette.

III. — Quant à la majorité relative aux circonstances atténuantes, ce doit être, à mon avis, la simple majorité. Voyez ci-devant, p. 68, n. VI, et l'art. 120 ci-après.

118. En cas de conviction de plusieurs crimes ou délits prévus par la présente loi et commis antérieurement au premier acte de poursuite, la peine la plus forte sera seule appliquée.

Cf. l'art. 365 du code d'instruction criminelle.

120. Si le fonctionnaire inculpé est renvoyé de la plainte, la partie civile pourra, selon les circonstances, être condamnée à une amende de cent francs à cinq mille francs, et aux dommages et intérêts.

Le jury statuera sur le point de savoir s'il y a lieu à amende; il prononcera de plus, mais à la simple majorité, sur le chiffre des dommages-intérêts, dans tous les cas où il en aura été demandé, soit par la partie civile, soit par l'accusé.

I. L'amende sur laquelle le jury doit statuer est celle qui est applicable contre la partie civile lorsque le fonctionnaire inculpé est renvoyé de la plainte. C'est une grande innovation qu'il faut bien se garder d'étendre. « Pour tout le reste, a dit M. Davy, on respecte complètement la grande division du fait et du droit, du « juré et du magistrat. » M. Victor Lefranc, membre de la commission, a dit : « C'est entendu. »

II.—La majorité sur ce point doit être celle de plus de sept voix, car il s'agit de la condamnaton à une peine.

Mais, quant aux dommages-intérêts, le jury prononce à la simple majorité. L'article est formel à cet égard. Voyez ci-devant, p. 68, n. VI, et p. 71, n. III.

123. Les électeurs du collége qui aura procédé à l'élection à l'occasion de laquelle les crimes ou délits auront été commis, auront seuls qualité pour porter plainte; toutefois, leur défaut d'action ne portera aucun préjudice à l'action publique.

—

LOI DU 21-23 AVRIL 1849,

Portant prorogation de l'art. 1ᵉʳ du décret du 9 août 1848, relatif au cautionnement des journaux et écrits périodiques [et relative à l'affichage, au criage et à la distribution des écrits et imprimés concernant les élections (1).]

Art. 1ᵉʳ. Les dispositions de l'article 1ᵉʳ du décret du 9 août, relatif au cautionnement des journaux et écrits périodiques, sont prorogées jusqu'au 1ᵉʳ août 1849.

La commission avait voulu dispenser du cautionnement tout nouveau journal qui ne serait publié que pendant les quarante-cinq jours précédant les élections aux assemblées législatives. Cette disposition a été écartée. Malgré ce rejet, on n'en a pas moins élevé une pareille prétention, en se fondant sur l'article 2 ci-après, qui est entièrement muet à cet égard. La cour de Bordeaux, par un arrêt du 2 août 1849, cassé plus tard sur un autre point, a fait justice d'un pareil moyen. (G. T. 16 septembre 1849; voyez l'arrêt de cassation du 4 octobre suivant dans la *Gazette des Tribunaux* du 5). Il est probable qu'on n'eût pas plaidé ce moyen si la circonstance ci-dessus avait été connue.

(1) La partie du titre qui est entre deux [ ] n'est pas dans le texte officiel. Je l'ai ajoutée pour qu'elle servît de guide au lecteur. Car cette disposition n'a rien de commun avec celle qui avait été cause de la présentation de la loi.

Sur la date même de la loi, voyez ci-après l'observation faite à l'occasion de l'art. 3.

Le décret du 9 août 1848 a été ensuite prorogé indéfiniment par la loi du 27-29 juillet 1849. Voyez ci-après l'art. 8 de cette dernière loi et ce que j'ai dit précédemment sur le décret du 9 août 1848.

Voyez ci-devant, page   , une application de l'art. 1er.

2. Pendant les quarante-cinq jours précédant les élections générales, tout citoyen pourra, sans avoir besoin d'aucune autorisation municipale, afficher, crier, distribuer et vendre tous journaux, feuilles quotidiennes ou périodiques, et tous autres écrits ou imprimés relatifs aux élections. Ces écrits ou imprimés, autres que les journaux, doivent être signés de leurs auteurs.

Ces écrits ou imprimés, autres que les journaux, devront être déposés dans chaque arrondissement, au parquet du procureur de la république, avant qu'on puisse les afficher, crier, vendre ou distribuer.

Les afficheurs, crieurs, vendeurs et distributeurs feront connaître leurs noms, professions et domiciles aux maires des communes où la publication aura lieu.

L'infraction aux dispositions des deux précédents paragraphes sera punie d'une amende de seize à deux cents francs, et d'un emprisonnement de dix jours à un an.

Dans tous les cas, il pourra être fait application de l'article 463 du code pénal.

I. Cet article confirme très-expressément l'existence de la loi du 16 février 1834. Voyez ce j'ai déjà dit à cet égard, page   . Le rapport de M. Dupont est plus explicite encore, s'il est possible.
« D'après la législation actuelle (loi du 16 février 1834), a-t-il dit,
« les colporteurs doivent obtenir dans chaque commune une au-
« torisation municipale, qui peut leur être retirée, sans que l'au-
« torité soit obligée de motiver ses décisions... Votre commis-
« sion, en vous proposant de rendre la liberté au colportage,
« pendant l'époque électorale, croit avoir placé à côté de cette
« liberté toutes les précautions nécessaires pour qu'elle ne puisse
« devenir une source de périls et d'abus. »

Sur la police des afficheurs, crieurs, distributeurs, vendeurs d'écrits, voyez mon tome 1er, page 557, nos 772 et suiv., page 700, nos 1036 et suiv., pages 706, nos 1052 et suiv.

II. — L'art. 2 de cette loi ne peut s'appliquer qu'aux distributeurs d'écrits sur *la voie publique*. Il n'a fait qu'étendre les dispositions des lois antérieures. On ne saurait réputer infraction à ce décret, la distribution qu'un auteur aurait faite d'exemplaires de son écrit au domicile de plusieurs personnes, alors même qu'aucun de ces exemplaires ne mentionnerait son nom. C. C. 18 août 1849, cassation d'Amiens, 14 juin 1849; G. T. 19. Voyez mon tome 1er, page 710, no 1060.

III. — Mais l'art. 2 et le suivant s'appliquent non-seulement aux afficheurs, mais encore aux auteurs des écrits affichés, qui peuvent être poursuivis comme complices de l'infraction, et devenir passibles de la peine encourue pour le défaut de dépôt. Tribunal correctionnel de Nancy, 29 juin 1849; affaire du comité napoléonien; G. T. 3 juillet, chron.—Cf. dans ce sens l'arrêt suivant de la cour de cassation.

IV. — L'auteur peut être poursuivi comme complice des distributions irrégulières faites par des tiers, si elles ont eu lieu conformément à ses instructions. C. C. 18 août 1849, rejet d'Amiens, 14 juin 1849; G. T. 19. Voyez ci-dessus no III et ci-après no V.

V. — Cette contravention doit être jugée par les tribunaux correctionnel et non par la cour d'assises. Tribunal correctionnel de Nancy, déjà cité. — Cf. implicitement l'arrêt de la cour de cassation ci-dessus, rendu dans une affaire où le tribunal correctionnel avait statué.

VI. — L'article 2 n'autorise pas les journaux non cautionnés à publier, pendant les quarante-cinq jours qui précèdent les élections générales, des articles politiques, même relatifs à ces élections. Bordeaux, 2 août 1849; G. T. 16 septembre. Cet arrêt a été cassé le 4 octobre 1849 (G. T. 5), mais sur un autre point. Voyez ci-dessus sur l'art. 1er.

VII. — On avait déposé sur l'art. 3 un amendement qui exigeait que le dépôt au parquet eût lieu vingt-quatre heures avant la publication. Cet amendement, présenté par M. Baze, n'a point été adopté. Mais voyez ci-après l'art. 7 de la loi du 27 juillet 1849.

VIII. — L'art. 6 de la loi du 27 juillet 1849 n'a pas dérogé aux dispositions de la loi du 21 avril, malgré les abus auxquels cette dernière loi a déjà donné lieu. Mais *quid* de l'art. 7 de la loi du 27 juillet? Voyez ci-après sur les art. 6 et 7 de ladite loi.

3. Les afficheurs, crieurs, vendeurs et distributeurs devront préalablement remettre au maire de la com-

mune dans laquelle ils voudront afficher, crier, vendre et distribuer des journaux, écrits ou imprimés, un exemplaire de chacun desdits journaux, écrits ou imprimés.

I. — M. Baze avait demandé que les afficheurs, crieurs, etc., exhibassent au maire la preuve du dépôt au parquet exigé par l'article précédent. On a combattu cette disposition en disant qu'un écrit peut être colporté par un grand nombre de personnes et qu'on devrait dès lors obliger le procureur de la république de donner autant de récépissés qu'il y aurait de distributeurs, ce qui serait impraticable. L'amendement a été rejeté.

II. — L'article 3 avait été présenté comme amendement à l'article 2. Par suite d'une erreur, on proclama que l'amendement de M. Baze avait été rejeté, tandis qu'il avait été adopté. Il s'ensuivit que la loi restait en deux articles, dont le second se terminait par les deux paragraphes relatifs à la pénalité, ce qui donnait une sanction aux dispositions précédentes. Lorsqu'on s'aperçut que l'amendement de M. Baze à l'art. 2 avait été adopté, on l'ajouta d'abord comme formant un article 3. Mais cet article 3 venant après l'art. 2 qui se terminait par les deux paragraphes édictant la peine, cet article 3 n'avait plus de sanction pénale. Le président, M. Marrast, fit part de cet incident à l'assemblée et lui proposa de faire une nouvelle publication de la loi, de la conserver telle qu'elle était, en donnant un autre numérotage à ses dispositions. Il proposait de faire de l'amendement de M. Baze un article 3 et de faire des deux derniers paragraphes de l'art. 2 un article qui prendrait le n° 4 et qui couvrirait ainsi, par une sanction pénale, toutes les dispositions précédentes. Cette proposition fut adoptée. (Séance du 26 avril ; *Moniteur* du 27) ; mais le bulletin officiel avait déjà publié la loi telle qu'elle avait été adoptée dans la séance du 21. On aurait dû faire une nouvelle publication conformément à la délibération du 26 avril. Cette publication n'a pas eu lieu. Mais au moyen de l'explication qui précède, il est bien évident que l'art. 3 a sa sanction pénale dans les deux derniers paragraphes de l'art. 2.

LOI DU 13-14 JUIN 1849,

Qui met en état de siége la ville de Paris et toute la circonscription comprise dans la 1ʳᵉ division militaire.

Art. 1ᵉʳ. La ville de Paris et toute la circonscription comprise dans la première division militaire sont mises en état de siége.

2. Cette mesure pourra être étendue par le pouvoir exécutif aux villes dans lesquelles semblables insurrections éclateraient.

Je me suis déjà expliqué sur les conséquences légales de l'état de siége. Voyez ci-devant, page . Voyez aussi les trois documents ci-après.

———

DÉCRET DU 13 JUIN 1849 (L.-N. BONAPARTE),
Qui suspend plusieurs journaux (1).

Sur la légalité et les effets de ces suspensions, voyez ci-devant, page , et ci-après l'avis du conseil d'état.

———

DÉCRET DU 15-19 JUIN 1849 (L.-N. BONAPARTE),
Qui met en état de siége la ville de Lyon et toute la circonscription comprise dans la 6ᵉ division militaire.

La ville de Lyon et toute la circonscription comprise dans la 6ᵉ division militaire sont mises en état de siége.

Voyez ci-devant page 24 à 27, et l'avis du conseil d'état ci-après rapporté.

———

AVIS DU CONSEIL D'ÉTAT DU 21 JUIN 1849,
Sur les conséquences de l'état de siége (2).

Le conseil d'état,
Vu la lettre, en date du 16 juin 1849, par la-

———

(1) Ce décret n'est pas au *Bulletin des Lois*. Voyez la *Gazette des Tribunaux* du 16 juin, qui l'annonce, mais qui n'en donne ni la date, ni le texte officiel. La date est du 13 juin. Elle est relatée dans le jugement du tribunal civil de la Seine cité ci-devant page .

(2) Ce document n'est pas au *Bulletin des Lois*. Il a été publié par la *Gazette des Tribunaux* du 29 juin 1849, comme extrait du registre des délibérations du conseil-d'état.

quelle M. le ministre de l'intérieur invite la section de législation à rechercher et à indiquer les conséquences administratives, judiciaires, ou de toute autre nature que la législation attribue à la déclaration de l'état de siége;

Vu la lettre du 19 du même mois, par laquelle M. le ministre de l'intérieur demande que l'avis donné par la section de législation soit soumis à l'examen du conseil d'état tout entier;

Vu la loi du 13 juin 1849, qui met en état de siége la ville de Paris et toute la circonscription comprise dans la 1re division militaire, et qui décide que cette mesure pourra être étendue par le pouvoir exécutif aux villes dans lesquelles des insurrections éclateraient;

Vu l'art. 106 de la Constitution ainsi conçu :

« Une loi déterminera les cas dans lesquels l'état de siége pourra être déclaré et réglera les formes et les effets de cette mesure. »

Vu la loi du 10 juillet 1791 et celle du 10 fructidor an 5;

Vu les art. 50, 101, 102, 103 et 104 du décret du 24 décembre 1811 ;

Vu les décrets de l'assemblée nationale constituante, en date des 24 et 27 juin 1848;

Considérant que, tant qu'il n'est pas intervenu de loi pour l'exécution de l'art. 106 de la Constitution, la législation actuelle sur l'état de siége doit continuer à être appliquée;

Que, dès lors, les droits que l'état de siége, déclaré par l'assemblée nationale, confère au gouvernement, doivent être réglés par ladite législation;

En ce qui touche les pouvoirs administratifs;

Considérant, d'une part, que d'après l'art. 101 du

décret du 24 décembre 1811, « dans les places en état de siége, l'autorité dont les magistrats étaient revêtus pour le maintien de l'ordre et de la police passe tout entière au commandant d'armes, qui l'exerce ou leur en délègue telle partie qu'il juge convenable ; »

Que, d'après l'art. 102 du même décret, « le gouverneur ou commandant exerce cette autorité ou la fait exercer, en son nom et sous sa surveillance ; »

Que, d'après ces dispositions, la dévolution des pouvoirs administratifs à l'autorité militaire est absolue et illimitée ; mais que, dans tous les cas où cette autorité n'a pas réclamé l'exercice de ces pouvoirs, ils continuent, en vertu d'une délégation tacite, à être exercés par les magistrats administratifs ;

Considérant, d'autre part, que l'étendue qu'il convient de donner à l'exercice du pouvoir militaire doit être déterminée, soit par le gouvernement dans des instructions générales, soit par les commandants, pour les divers cas, en appréciant les faits et les circonstances ;

En ce qui touche les pouvoirs judiciaires :

Considérant que, d'après l'art. 103 du décret du 24 décembre 1811, « pour tous les délits dont le commandant n'a pas jugé à propos de laisser la connaissance aux tribunaux ordinaires, les fonctions d'officier de police sont remplies par un agent militaire, et les tribunaux ordinaires sont remplacés par les tribunaux militaires ; »

Qu'il résulte de cette disposition que les tribunaux ordinaires, pour les délits qui sont de leur compétence, d'après les règles du droit commun, conservent leur juridiction tant que l'autorité militaire ne les en a pas dessaisis ;

En ce qui touche les autres effets de l'état de siége :

Considérant que, d'après l'art. 103 du décret du 24 décembre 1811, dans l'état de siége, le commandant militaire détermine le service de la garde nationale ;

Qu'il résulte de cette disposition et de la nature même des choses que la garde nationale passe de droit, en cas d'état de siége, sous l'autorité du commandant militaire ;

Considérant que l'autorité militaire a droit, dans le cas de siége, de prendre, pour la sûreté et la tranquillité publiques, toutes les mesures qu'elle juge nécessaire, droit expressément reconnu par les art. 92 et 95 du décret précité, pour le cas de l'état de guerre, qui est toujours compris dans l'état de siége, et dans lequel l'autorité militaire a des pouvoirs moins étendus que dans l'état de siége ;

Qu'à ce titre elle peut procéder à l'enlèvement des armes, à des visites domiciliaires, à l'éloignement des personnes dangereuses, et empêcher les publications et les réunions qui seraient de nature à entretenir le désordre et l'agitation ; que, plusieurs de ces mesures ayant été prises en 1848, l'assemblée constituante a passé à l'ordre du jour sur les réclamations auxquelles elles avaient donné lieu ;

Que le devoir du gouvernement est d'user de ces droits toutes les fois que l'intérêt de l'état l'exige, mais seulement dans le cas d'une nécessité évidente et dans les limites de cette nécessité ;

Que la même règle de conduite doit être prescrite à tous ses agents ;

Qu'à Paris, les mesures autorisées pour l'état de siége émanent directement du pouvoir exécutif ; que, dans les autres lieux, les commandants n'agissent que sous l'autorité du gouvernement dont ils engagent la responsabilité, et qu'ainsi cette responsabilité ne peut jamais être éludée,

Est d'avis que les conséquences de l'état de siége doivent être réglées d'après les solutions qui précèdent.

Le présent avis a été délibéré et adopté par le conseil d'Etat dans sa séance du 21 juin 1849.

Le vice-président de la république,
président du conseil d'état,

H. BOULAY (de la Meurthe).

Il est assez difficile de déterminer le caractère légal de ce document. La Constitution de 1848 ne donne pas au conseil-d'état le droit d'interpréter la loi. C'est une espèce de consultation demandée par le ministre de l'intérieur à un corps constitué, qui a bien voulu répondre, mais qui aurait pu et dû peut-être s'en abstenir; car l'acte qu'on lui a demandé ne rentrait pas dans ses attributions. Comme expression d'une opinion, ce document a de la gravité; comme décision, il n'en a aucune. Au surplus, la loi du 9 août 1849 ci-après rapportée ôte à ce document toute son importance.

Voyez aussi ci-devant, pages 24 à 27, les observations déjà faites sur le même sujet.

LOI DU 9 AOUT 1849,

Sur l'état de siége.

CHAPITRE 3. — *Des effets de l'état de siége.*

Art. 7. Aussitôt l'état de siége déclaré, les pouvoirs dont l'autorité civile était revêtue pour le maintien de l'ordre et de la police passent tout entiers à l'autorité militaire. L'autorité civile continue néanmoins à exercer ceux de ces pouvoirs dont l'autorité militaire ne l'a pas dessaisie.

Art. 8. Les tribunaux militaires peuvent être saisis de la connaissance des crimes et délits contre la sûreté de la république, contre la Constitution, contre l'ordre et la paix publique, quelle que soit la qualité des auteurs principaux et des complices.

Art. 9. L'autorité militaire a le droit : de faire des perquisitions, de jour et de nuit, dans le domicile des citoyens; d'éloigner les repris de justice et les individus qui n'ont pas leur domicile dans les lieux soumis à l'état de siége; d'ordonner la remise des armes et munitions et de procéder à leur recherche et à leur enlèvement; d'interdire les publications et les réunions qu'elle juge de nature à exciter ou à entretenir le désordre.

Art. 10. Dans les lieux énoncés en l'art. 5, les effets de l'état de siége continuent, en outre, en cas de guerre étrangère, à être déterminés par les dispositions de la loi du 10 juillet 1791 et du décret du 24 décembre 1811.

Art. 11. Les citoyens continuent, nonobstant l'état de siége, à exercer tous ceux des droits garantis par la Constitution dont la jouissance n'est pas suspendue en vertu des articles précédents.

I. — Voici ce que dit le rapport de la commission fait par M. Fourtanier :

« Les effets de l'état de siége, précisés avec soin dans le chapitre III, constituent l'une des parties les plus essentielles du projet soumis à vos délibérations. Vous n'y rencontrerez néanmoins aucune pensée nouvelle, aucun principe dont l'application n'ait été déjà faite. Il emprunte aux rudes épreuves que nous avons traversées et aux faits accomplis les règles que l'on vous demande d'ériger en loi positive.

« L'une de ses premières conséquences, c'est de transporter à l'autorité militaire tous les pouvoirs dont l'autorité civile était investie pour le maintien de l'ordre et de la police.

« Un grand péril menace la chose publique. La société est assié-

6

gée par les factions qui ont conspiré sa ruine. Les violences de l'attaque, la nécessité de la défense, lui commandent de concentrer toutes ses forces et de les réunir dans une seule main. A cette condition elle pourra dompter l'anarchie, et décourager, par une salutaire rigueur, ceux qui seraient tentés d'arborer son drapeau. Le pays ne fait alors que se défendre, et ce droit sacré doit être affranchi des entraves qui en gêneraient ou en paralyseraient l'exercice. Aussi, cette concentration des pouvoirs, ce dessaisissement de l'autorité civile deviennent un besoin trop impérieux pour ne pas avoir obtenu l'adhésion unanime de votre commission.

« L'attribution faite aux tribunaux militaires de la connaissance des crimes et délits contre la sûreté de la république, contre la Constitution, contre l'ordre et la paix publique, sans égard à la qualité des auteurs principaux ou complices, ne pouvait à son tour rencontrer de contradicteurs. C'est une conséquence exacte et logique de l'état de siége, qui, sous un nombre considérable de rapports, assimile à une place assiégée les localités soumises par l'Assemblée nationale à ce régime exceptionnel.

« C'est ainsi que depuis soixante ans ont été toujours appliqués et compris les principes régulateurs de cette importante matière. Il est d'un haut intérêt social, en effet, que les crimes et les délits, rentrant dans la catégorie de ceux prévus par notre article, soient suivis d'une répression vigoureuse, et dont la promptitude ne laisse pas naître l'espoir de l'impunité. Le crime reçoit des terribles événements au milieu desquels il se produit, un caractère de gravité qui appelle sur la tête de son auteur toutes les sévérités de la loi. Il importe à la fois de frapper les coupables, et de jeter le découragement dans l'âme de ceux disposés à le devenir. Une répression trop incertaine ou trop lente, et qui ne serait pas proportionnée à la grandeur des dangers du pays, pourrait exciter à de douloureuses représailles, et ajouter aux horreurs de la guerre civile.

« Ces considérations vous font pressentir, Messieurs, que votre commission n'a pu donner son assentiment au paragraphe second de l'art. 8 du projet, créant pour les délits de presse le privilége du jury, dans le cas où les auteurs ne seraient pas complices de délits ou de crimes déférés à la juridiction militaire.

« Nous nous sommes demandé quelle pouvait avoir été la cause de cette exception, qui contraste d'une façon étrange avec la généralité du principe posé par le paragraphe précédent.

« Si tous les délits, tous les crimes contre la Constitution, l'ordre et la paix publique, sont justiciables des conseils de guerre, pourquoi un seul d'entre eux, réunissant d'ailleurs tous ces caractères, sera-t-il soustrait à cette règle commune, et jouira-t-il, au milieu des émotions peut-être sanglantes de l'état de siége, de la faveur de la cour d'assises et des solennités de la justice ordinaire?

« Par quel motif la loi semble-t-elle craindre de le soumettre à son inflexible niveau?

« Est-ce qu'il serait moins inquiétant pour la sûreté générale, et qu'une société, contrainte d'exposer les jours de ses plus généreux défenseurs, n'aurait pas à en redouter les suites?

« Bien au contraire! C'est le délit qui doit exciter les sollicitudes les plus vives, et provoquer les plus sérieuses alarmes. C'est la presse qui, armée de sa formidable puissance, et avec ses mille moyens de reproduction, va réchauffer dans les cœurs les ressentiments prêts à s'éteindre; c'est elle qui va faire aux passions les plus désordonnées un appel nouveau, afin de pousser à une lutte nouvelle. C'est elle enfin qui exhorte à ressaisir les armes dirigées contre les défenseurs de la société et du pays.

« Ses détestables provocations seront dédaignées, je le veux, et virtuellement le projet le suppose! Mais n'est-ce donc rien que cette odieuse tentative, malgré son impuissance? N'importe-t-il pas de la prévenir par la crainte d'un châtiment aussi prompt qu'assuré? Et quand on se trouve en face d'un immense péril, est-il juste et sage de dire au provocateur que si sa voix n'est pas entendue, il ne devra rendre compte de sa conduite qu'à la justice ordinaire? Dans cette promesse imprudente, excusera-t-il une audace qui peut entraîner d'irréparables malheurs?

« Dirait-on que la juridiction du jury appartient à la presse, et qu'on ne peut la lui ravir sans violer l'une de ses plus précieuses prérogatives?

« Mais ce même privilége est donné par nos lois à tout citoyen accusé d'un crime de nature à entraîner des peines afflictives et infamantes. Lorsque l'honneur ou la vie d'un homme se trouve engagé dans un débat judiciaire, c'est au jury qu'il appartient dans les formes spéciales et solennelles de prononcer sur son sort.

« Et néanmoins, si le crime qui lui est imputé rentre dans l'une des catégories énumérées déjà, l'effet de l'état de siége est de lui ravir toutes les garanties judiciaires, et, traduit devant le conseil de guerre, il pourra être condamné aux peines les plus graves de notre droit pénal.

« Eh bien! quant à celui-là, détourné aussi de ses juges naturels, sur le front de qui va se graver une condamnation infamante, on ne fait entendre ni réclamation, ni plaintes! D'un avis unanime, les garanties que la Constitution lui donnait fléchissent devant la gravité des intérêts sociaux qui en commandent le sacrifice ! Or, les droits de la presse sont-ils plus sacrés ou plus respectables que les siens, pour qu'à sa faveur on introduise une exception ou un privilége ?

« La majorité de votre commission ne saurait l'admettre, et pou ce motif elle repousse la distinction énoncée dans le second paragraphe de l'article.

« Condamné par les principes, ce privilége rencontrerait en outre dans l'exécution des obstacles impossibles à surmonter.

« Dans une place de guerre investie, où le droit serait incontestablement le même, comment réunir le jury du département dont la ville assiégée n'est peut-être pas le chef-lieu ? L'auteur du délit pourrait donc, dans ce cas, défier la justice de l'atteindre, et renouveler incessamment ses excitations incendiaires ?

« Dans une ville de l'intérieur où a éclaté la sédition, cause déterminante de la mesure, les difficultés ne seraient pas moins sérieuses. Dans cette seconde hypothèse, comprendriez-vous bien la possibilité de réunir et faire délibérer le jury au sein des émotions que laissent dans les cœurs les souvenirs du combat de la veille ?

« Il y aurait, à procéder ainsi, une haute imprudence. Comme le veut la loi d'égalité, dont aucune raison légitime ne veut que l'on s'écarte, maintenons pour les délits et les crimes énumérés dans le premier paragraphe de l'article 8 la juridiction qui, sous l'état de siége, constitue le droit commun des délinquants.

« Le titre suivant contient la nomenclature des pouvoirs exceptionnels conférés à l'autorité militaire.

« Ce sont les perquisitions de nuit et de jour dans le domicile des citoyens ; c'est l'expulsion des repris de justice et de ces individus non domiciliés qui, à jour fixe, se trouvent avec une affligeante exactitude dans les lieux où doit éclater une émeute ; c'est la remise imposée à tout citoyen de ses munitions et de ses armes, et le droit de procéder à leur recherche et à leur enlèvement ; c'est enfin la faculté d'interdire les publications et les réunions de nature à exciter ou à entretenir le désordre.

« Ces effets de l'état de siége sont ceux qui ont été appliqués en juin 1848 et en juin 1849. Votre commission les accepte sans aucune modification. »

II. — La discussion sur l'art. 8 a été très-vive. Mais cet article a été maintenu.

Le projet primitif du gouvernement contenait un second paragraphe ainsi conçu : « Sauf les cas de complicité avec les auteurs « de crimes ou délits déférés à la juridiction militaire, la con- « naissance des délits commis par la voie de la presse continuera « d'appartenir au jury. » La commission a proposé la suppression de ce paragraphe. On peut en voir les motifs dans le rapport de M. Fourtanier. Le ministre de l'intérieur a adhéré à cette suppression.

———

LOI DU 27-29 JUILLET 1849,

Sur la presse.

OBSERVATION SUR L'ENSEMBLE DE LA LOI.

C'est encore une loi temporaire. Toutefois, la loi actuelle doit vivre jusqu'à la promulgation de la loi organique sur la presse, ce qui lui assure une durée indéterminée. Quant à l'esprit de la loi, d'une part, c'est un nouveau retour vers les lois anciennes, notamment vers la loi du 9 septembre 1835, à laquelle la loi du 11 août 1848 du général Cavaignac avait déjà fait tant d'emprunts; et d'autre part, le législateur a créé quelques délits nouveaux rendus nécessaires par les circonstances périlleuses du moment.

La loi ne prévoit que des délits et des contraventions. Aucune des infractions, dont elle s'occupe, n'a le caractère de crime.

Au surplus, les lois antérieures au 24 février 1848, non abrogées expressément depuis cette époque, continuent à demeurer en vigueur. La loi actuelle n'a pas entendu y déroger.

CHAPITRE Iᵉʳ.

DÉLITS COMMIS PAR LA VOIE DE LA PRESSE OU PAR TOUTE AUTRE VOIE DE PUBLICATION.

Art. Iᵉʳ. Les articles 1 et 2 du décret du 11 août 1848 sont applicables aux attaques contre les droits et l'autorité que le président de la république tient de la Constitution, et aux offenses envers sa personne.

La poursuite sera exercée d'office par le ministère public.

I. — L'art. 1ᵉʳ du décret du 11 août punissait d'un emprisonnement de trois mois à cinq ans, et d'une amende de 300 à 6,000 fr., toute attaque par l'un des moyens énoncés en l'art. 1ᵉʳ de la loi du 17 mai 1819, *contre les droits et l'autorité que les membres du pouvoir exécutif tenaient des décrets de l'assemblée.* L'art. 1ᵉʳ de la loi du 27 juillet 1849 ne fait qu'appliquer cette disposition au président de la république. Il n'y avait et il n'y a eu aucune difficulté. C'est une simple appropriation de rédaction.

Voyez ce que j'ai dit ci-devant, pages 46 à 49, sur le délit réprimé par la loi de 1848.

II. — L'art. 2 du décret du mois d'août 1848 punit d'un emprisonnement d'un mois à trois ans, et d'une amende de 100 fr. à 5,000 fr., l'offense, par l'un des mêmes moyens, envers l'assemblée nationale. Ce délit était emprunté à la législation précédente, comme j'en ai déjà fait l'observation. Voyez page 49. La nouvelle loi applique la même peine, non aux attaques contre le président, mais aux *offenses envers sa personne*.

Il faut bien remarquer qu'il ne s'agit plus ici des droits, ni de l'autorité du président ; mais de *sa personne*. La formule de la loi nouvelle est exactement celle dont la loi du 17 mai 1819 se servait à l'égard du roi. L'art. 9 de cette dernière loi, en effet, réprimait l'*offense envers la personne du roi*. Ce délit n'était ni l'outrage, ni la diffamation, ni l'injure ; il ne consistait pas même dans des *imputations* ou *allégations injurieuses ou offensantes*. C'était, en un mot, un délit *sui generis*, parfaitement approprié au dogme de la dignité royale, et répondant particulièrement au sentiment monarchique. Cependant ce mot si caractéristique n'avait pas été adopté dans toutes les monarchies. On peut voir à cet égard les explications que j'ai données et les documents publiés dans mon tome 1er, pag. 207 et suivantes, nos 284, 285 et suivants. Le mot *offense* s'applique très-bien aux attaques contre l'assemblée nationale, qui représente la souveraineté. Mais on en a contesté l'application au président de la république, qui, a-t-on dit, ne peut souffrir aucune assimilation, soit avec le roi, soit avec la souveraineté populaire, et l'on a proposé de remplacer le mot *offense* par les mots *injures et diffamations contre sa personne* (amendement de MM. Charamaule et Denayrouse). Mais l'objection, malgré son extrême gravité, a été repoussée. On a pensé que cette expression seule, le mot *offense*, pouvait suffisamment « défendre le chef du pouvoir exécutif contre cet *esprit perfide* « *de dénigrement* qui, s'attaquant sans cesse à sa personne, « anéantit peu à peu le respect et la considération si nécessaire « à l'autorité morale des grands pouvoirs de l'état. Le mot *ou-* « *trage* serait impropre, car le *dénigrement systématique* peut se « *concilier avec un certain ménagement dans l'expression*. Quel « est le terme qui comprendra toute attaque, distincte de ce qui, « en langage ordinaire, s'appelle une insulte, une injure ou un « outrage, et qui, néanmoins, est de nature à jeter sur la per- « sonne, comme sur les intentions du premier magistrat de la « république, des insinuations portant atteinte à sa considéra- « tion et à son honneur ? Cependant, dans ses fonctions consti- « tutionnelles, il est le délégué direct du peuple français; sa per-

« sonne, son caractère doivent être l'objet d'une protection spé-
« ciale. Le mot *offense* a paru à la commission le seul propre à y
« pourvoir, parce qu'il comprend *toutes les nuances d'attaques*,
« sans porter atteinte au droit de critique et de libre discussion.
« Ce droit est incontestable ; les limites qui en séparent le légi-
« time exercice des attaques malveillantes ou passionnées, c'est
« au jury de les marquer dans une souveraine et consciencieuse
« appréciation. » (Rapport de M. Combarel de Leyval.)

On a ajouté contre cette appellation que l'*offense* ne s'applique
qu'à des pouvoirs irresponsables, tels que le roi, dans la monarchie constitutionnelle, les assemblées législatives sous le dernier et le nouveau gouvernement. Mais il a été répondu que cette
objection était oiseuse, qu'il fallait seulement examiner s'il y
avait utilité d'assurer, par ce moyen, le respect dû au chef du
pouvoir exécutif. On a affirmé que la loi serait insuffisante si elle
se bornait à assimiler le président aux autres fonctionnaires publics. (Discours de M. Combarel de Leyval, de M. Odilon Barrot,
ministre de la justice, et de M. Baroche.)

Quant à la difficulté de préciser le caractère du délit, on a répondu que cette infraction existe dans nos lois depuis longtemps,
et que l'absence de définition n'a, jusqu'à présent, offert aucun
inconvénient.

La crainte que ce délit ne gêne la discussion et la critique des
actes du président, n'est pas sérieuse, a-t-on dit ; car le délit d'*offense* contre l'assemblée nationale, n'a pas empêché, jusqu'à ce
jour, l'appréciation ni la critique de ses actes.

Le législateur de 1849 a donc entendu adopter le mot *offense* à
l'égard du président de la république, comme l'entendait la législation antérieure dans ses rapports avec le roi.

III. — Dans le système de l'ancienne Constitution, le roi était
inviolable, irresponsable. Il était la source de tout bien ; il ne
pouvait mal faire. De là, la nécessité d'écarter toute preuve tendant à prouver la vérité de l'offense. Voyez mon tome 1er, pages
208 et suivantes, nos 286 et suivants, et mon tome 2, pages 397
et suivantes, nos 1804 et suivants.

Comment concilier cette prohibition avec la responsabilité du
chef du pouvoir exécutif? Lorsque la cour de cassation défendait
la preuve, elle invoquait l'inviolabilité royale. Sur quel motif re-
poserait aujourd'hui la prohibition ? La preuve de la vérité de
l'offense sera-t-elle aujourd'hui autorisée ou défendue ?

On a répondu catégoriquement à cet égard en disant que les
effets du délit d'offense devaient être appliqués en ce qui concerne cette preuve, qui ne devait pas être autorisée. L'autoriser,
ce serait obliger le président, qui aujourd'hui est le point de mire

de toutes les attaques, à descendre tous les jours dans l'arène judiciaire, et à voir son honneur et sa considération exposés aux chances de procès sans cesse renaissants. Il est donc nécessaire de prévenir un pareil résultat et d'entourer d'une protection toute spéciale le président, qui est plus qu'un fonctionnaire, car il est le délégué direct de la nation; il est un des pouvoirs de l'état. La faculté de faire la preuve s'applique aux fonctionnaires, et c'est une exception au droit commun qui la défend. « Avec le mot *of-* « *fense*, le président n'est plus un fonctionnaire auquel s'appli- « que l'exception. » (Discours de M. Combarel de Leyval, rap- porteur.) La portée légale du mot *offense*, a dit M. Rouher, est celle-ci : « C'est que la preuve des faits allégués, de quelque na- « ture qu'ils soient, est essentiellement inadmissible. » Quant à la jurisprudence de la cour de cassation, on continuera à l'ap- pliquer; mais avec d'autres motifs. « La raison (tirée de l'invio- « labilité royale) n'existera plus; ce ne sera pas par cette raison « qu'on devra décider; mais on décidera que l'*offense* n'autorise « pas la preuve des faits articulés, parce que la nature de la « responsabilité du président y est complètement hostile, et « que l'économie de la Constitution, qui établit la responsabilité « présidentielle, ne la comprend que par voie de pétition, que « sur l'initiative de l'assemblée nationale et devant la juridiction « de la haute-cour. Voilà par quelles raisons la cour de cassation « serait appelée à juger la question aujourd'hui. » (Discours de M. Rouher.)

Il y aurait bien des choses à répondre sur tous ces raisonne- ments. Mais ils ont le mérite d'exprimer clairement et sans em- bages la pensée du législateur sur la prohibition de la preuve. Aussi l'opinion de l'assemblée a-t-elle été si formelle, qu'elle n'a pas même voulu d'un amendement de M. Emile Leroux, ainsi « conçu : « Nul ne sera admis à prouver les faits imputés au pré- « sident de la république, sauf à exercer, dans les limites tracées « par la Constitution, les droits qu'elle consacre relativement « à la responsabilité de ce magistrat. » Repoussé par la com- mission et par plusieurs orateurs, comme inutile, comme une ré- pétition puérile, l'amendement a été rejeté.

Ainsi, il n'est pas douteux que la preuve des faits imputés est interdite en ce qui concerne le délit d'offense envers le président. Mais il n'est pas douteux aussi que le droit de discussion, de cri- tique et de censure de ses actes, de sa politique personnelle ou de celle de ses ministres, n'est pas atteint par la disposition dont il s'agit.

IV. — Le deuxième paragraphe dit que la poursuite *sera* exer- cée d'office par le ministère public. Le projet du gouvernement

portait : « *pourra* être exercée. » Ce changement ne modifie pas
le sens de la disposition. On a voulu distinguer ces poursuites de
celles qui concernent les fonctionnaires. Leur consentement,
leur plainte est exigée pour la poursuite des attaques les concernant. On a entendu qu'il en fût autrement à l'égard des offenses
contre le président. M. Bac voulait que la loi laissât au président
le soin de poursuivre lui-même, comme un simple particulier.
Le spectacle de ce président venant en personne, ou par un fondé
de pouvoir, demander protection à la justice du pays, lui paraissait quelque chose de majestueux et d'éminemment républicain.
M. Charamaule voulait que les poursuites fussent subordonnées
au consentement du président. Ces amendements ont été rejetés.

2. Toute provocation par l'un des moyens énoncés
en l'article 1er de la loi du 17 mai 1819, adressée aux
militaires des armées de terre et de mer, dans le but
de les détourner de leurs devoirs militaires et de l'o-
béissance qu'ils doivent à leurs chefs, sera punie
d'un emprisonnement d'un mois à deux ans, et d'une
amende de 25 fr. à 4,000 fr., sans préjudice des peines graves prononcées par la loi, lorsque le fait cons-
tituera une tentative d'embauchage ou une provocation à une action qualifiée crime ou délit.

I. — Cet article punit la provocation suivie ou non suivie d'effet, sans distinguer à cet égard.

II. — La provocation, pour être punissable aux termes de
cet article, n'a pas besoin d'avoir pour but un délit ou un crime
qualifié et puni par la loi. Voyez ci-après, n° IV.

III. — « L'article s'en réfère à la loi de nivôse an IV, lorsque le
« délit devient crime en prenant les proportions de tentative
« d'embauchage. » (Rapport de M. Combarel de Leyval.)

La loi du 4 nivôse an IV *détermine les peines à infliger aux
embaucheurs et aux provocateurs à la désertion*, tel est son titre.
Elle prononce la peine de mort contre tout embaucheur pour
l'ennemi, pour l'étranger ou pour les rebelles (art. 1er). Est ré-
puté embaucheur celui qui, par argent, par des liqueurs eni-
vrantes, *ou tout autre moyen*, cherchera à éloigner de leurs drapeaux, les défenseurs de la patrie, pour les faire passer à l'ennemi, à l'étranger ou aux rebelles (art 2). D'après l'art. 4, celui
qui, sans être embaucheur pour l'ennemi, l'étranger ou les rebelles, engagerait cependant les défenseurs de la patrie à quit-

ter leurs drapeaux, sera puni de neuf années de détention. Les prévenus des délits ci-dessus doivent être jugés par un conseil militaire, conformément à la loi (art. 6).

Ainsi, ce n'est pas la peine de la provocation à une action qualifiée crime ou délit, lorsque la provocation n'a pas été suivie d'effet, qui est applicable à la provocation relative à l'embauchage. Dans ce cas, la loi nouvelle considère une pareille provocation comme une tentative d'embauchage, et elle dit expressément qu'elle s'en réfère à la loi du 4 nivôse an IV.

La circulaire que le ministre de l'intérieur, M. Dufaure, a adressée aux préfets à l'occasion de la loi du 27 juillet, s'exprime ainsi : « L'art. 2 punit les manœuvres à l'aide desquelles on cher- « che à détourner de leurs devoirs les militaires de terre et de « mer ; des tentatives aussi coupables n'ont que trop souvent été « faites : elles ont dû éveiller la sollicitude du législateur. Il im- « porte de soustraire les citoyens armés pour la défense du pays « à l'influence d'une propagande pernicieuse. Vous remarque- « rez que les provocations que cette disposition de la loi du « 27 juillet 1849, a pour but de réprimer, ne sont pas seulement « le fait de la presse. La loi actuelle s'en réfère à l'art. 1er de la « loi du 17 mai 1819, et par là elle atteint les tentatives d'embau- « chage pratiquées à l'égard de la troupe, non-seulement au « moyen d'écrits ou d'emblèmes vendus ou distribués : mais en- « core à l'aide de discours, de cris ou menaces proférés dans les « lieux publics. » (G. T. 4 août 1849.)

IV. — Dans le cas où la loi de l'an IV est applicable, son application doit avoir lieu, conformément à ses dispositions, à son esprit, à sa pensée. Ainsi, le fait d'avoir cherché à éloigner des militaires français de leurs drapeaux pour les faire passer à l'étranger, constitue le crime d'embauchage à l'étranger, bien qu'il n'y eût pour la France aucun ennemi à l'extérieur, ni aucun rebelle au-dedans, et qu'elle fût en paix avec toutes les autres puissances. C. C 2 avril 1831, cass. dans l'intérêt de la loi; affaire Mazas et Pignol; J. P., 3e édition, tome 23, page 1104.

V. — Quant à la compétence pour l'infraction de provocation à l'embauchage, commise par des individus non militaires, on vient de voir que la loi de l'an IV ne distinguait pas à cet égard, et qu'elle renvoyait les auteurs, même non militaires, de ces provocations, devant les tribunaux militaires. La législation a beaucoup varié à cet égard, ainsi que la jurisprudence. On peut consulter le réquisitoire de M. Dupin, devant la cour de cassation, dans l'affaire Mazas, et l'opinion de Merlin, *Répertoire*, v° *Embauchage*, n° 3. Le dernier état de la jurisprudence attribue aux tribunaux ordinaires, et non aux conseils de guerre, la connaissance du crime d'embauchage commis par un individu non militaire, ni attaché à l'armée. C. C. 17 juin 1831, affaire Vincentius; J. P., tome 23, page 1700. Dans l'affaire Mazas, la cour n'a pas eu l'occasion de s'expliquer sur la question. Mais M. Dupin l'avait résolue dans le sens de l'incompétence des tribunaux militaires. On peut voir dans ce sens MM. Faustin Hélie et Chauveau, dans leur *Théorie du Code pénal*, tome 1, pages 63 et 65. La jurisprudence antérieure de la cour de cassation était contraire. Voyez arrêts du 12 octobre 1820, affaire Pereyre, et 2-22 août 1822, affaire Caron.

VI. Si, au lieu de constituer une tentative d'embauchage, l'écrit est une provocation à une action qualifiée crime ou délit, on applique les peines prononcées par la loi spéciale. Voyez les art. 1, 2, 3 de la loi du 17 mai 1819 et mon *Traité des Délits de la parole et de la presse*, 2ᵉ édition, t. 1, pages 333 et suiv., nᵒˢ 427 et suiv.

3. Toute attaque par l'un des mêmes moyens contre le respect dû aux lois et l'inviolabilité des droits qu'elles ont consacrés, toute apologie de faits qualifiés crimes ou délits par la loi pénale, sera punie d'un emprisonnement d'un mois à deux ans, et d'une amende de seize francs à mille francs.

I. — L'apologie de faits qualifiés crimes ou délits par la loi pénale était déjà punie par l'art. 8 de la loi du 9 septembre 1835, abrogée par le gouvernement provisoire. Voyez mon tome 1ᵉʳ, pages 342 à 344, nᵒˢ 433, 434, 435.

Il en est de même de l'attaque contre le respect dû aux lois. Voyez mon tome 1ᵉʳ, pages 329 à 333, nᵒˢ 418 et suivants.

La loi actuelle, en s'appropriant ces deux délits créés par la loi de 1835, n'a pas autorisé les tribunaux à élever les peines, pour ces deux cas, jusqu'au double du maximum, comme le faisait le 2ᵉ § de l'article 8 de la loi de 1835.

L'attaque contre le respect dû aux lois ne doit pas être confondue avec la provocation à la désobéissance, réprimée par l'art. 6 de la loi 17 mai 1819. Voyez mon tome 1ᵉʳ, page 321 et suivantes, nᵒ 413 et suivants.

Aucun de ces délits ne porte atteinte, au surplus, au droit de discussion, de critique et de censure des lois existantes, pourvu que cette discussion et cette critique ne dégénèrent pas en provocation à la désobéissance, ou en attaque contre le respect dû aux lois. Voyez mon tome 1ᵉʳ, pages 328, 329 à 333.

II. — L'attaque contre l'inviolabilité des droits que les lois ont consacrés est un délit nouveau introduit dans cet article par la commission, qui a dit que ce délit était implicitement contenu dans l'attaque contre le respect dû aux lois. « Si l'on considère « que la société toute entière repose sur les droits que les lois ont « consacrés, et que chaque jour ces droits sont violemment atta- « qués, on reste convaincu que le sens et le but de la loi n'ont pas été « suffisamment développés [dans le projet de loi qui se bornait « à réprimer l'attaque contre le respect dû aux lois]. La commis- « sion, confiante dans la juridiction du jury, si parfaitement pro- « pre à réprimer l'abus du droit de critique et de discussion, en « respectant le droit lui-même, vous propose l'adoption de l'ar- « ticle. » (Rapport de M. Combarel de Leyval.) Voyez mon tome 1er, *locis citatis*.

4. La publication ou reproduction, faite de mauvaise foi, de nouvelles fausses, de pièces fabriquées, falsifiées, ou mensongèrement attribuées à des tiers, lorsque ces nouvelles ou pièces seront de nature à troubler la paix publique, sera punie d'un emprisonnement d'un mois à un an, et d'une amende de cinquante francs à mille francs.

L'article 4 du projet du gouvernement était ainsi conçu : « La « publication de nouvelles fausses, de pièces fabriquées et falsi- « fiées, de lettres mensongèrement attribuées à des tiers, faite « de mauvaise foi et avec l'intention de troubler la paix publique, « sera punie, etc. »
La commission a ajouté au mot « publication » celui de « repro- « duction » ; elle a substitué aux mots « avec intention de trou- « bler la paix publique », ceux-ci « de nature à troubler la paix « publique. »
Ce délit n'est pas entièrement nouveau, comme on l'a cru. Il a été provoqué par la situation des esprits dans ces derniers temps, à l'occasion surtout de notre expédition à Rome. Mais l'i- dée et la formule en ont été empruntées à une loi déjà ancienne, celle du 9 novembre 1815, dont l'art. 8 considérait comme cou- pables d'*actes séditieux* toutes personnes qui répandraient ou ac- créditeraient soit des alarmes touchant l'inviolabilité des pro- priétés nationales, soit des nouvelles tendant à alarmer les ci- toyens sur le maintien de l'autorité légitime, etc. La circonstance de la publicité n'existait pas dans la loi de 1815, comme je l'ai déjà fait remarquer dans mon tome 1er, page 44 ; voyez aussi la note 2 de la page 42. La loi ancienne avait négligé de préciser

l'un des caractères essentiels du délit, la mauvaise foi. Enfin, il ne suffit pas que les nouvelles et les pièces soient fausses et que leur publication ait lieu avec mauvaise foi, il faut encore que leur nature soit propre à troubler la paix publique; l'intention de troubler la paix publique ne suffirait pas non plus, si la publication n'était pas de nature à pouvoir amener ce résultat. Je dis *pouvoir*, parce que le délit existe alors même que la paix publique n'a point été troublée. Si elle a pu l'être par la publication et si c'est avec mauvaise foi que cette publication a eu lieu, le délit existe, pourvu que les pièces et les nouvelles soient fausses. L'art. 10 de la loi du 25 mars 1822 et l'art. 7 du décret du 11 août 1848 punissent l'excitation par laquelle on a cherché à troubler la paix publique, alors même que le résultat espéré n'a pas été obtenu. Voyez ce que j'ai dit à ce sujet dans mon tome 1er, pages 345, 346, nos 440, 441.

Le ministre de l'intérieur, M. Dufaure, a expliqué ainsi la cause et la portée de l'article 4 : « On a publié ou reproduit de préten-
« dues dépêches télégraphiques, des lettres fausses ou renfer-
« mant des détails mensongers et calomnieux, cherchant ainsi à
« soulever la haine contre le gouvernement et à fomenter des
« séditions. Vous veillerez à ce que ces actes si dangereux ne se
« produisent pas impunément. Sous la dénomination de corres-
« pondance particulière, les journaux des départements publient
« fréquemment des nouvelles fausses ou controuvées, dont les
« journaux de Paris n'oseraient assumer la responsabilité et qui,
« presque toujours, ne sont l'objet d'aucun démenti. Dans les
« moments où l'ordre est menacé, ce moyen est l'un de ceux
« auxquels la malveillance a le plus souvent recours. Appuyés
« sur les dispositions de l'art. 4 de la loi nouvelle, vous vous at-
« tacherez à déjouer de semblables manœuvres. » (Circulaire aux préfets du 1er août 1849; G. T. 4.)

5. Il est interdit d'ouvrir ou annoncer publiquement des souscriptions ayant pour objet d'indemniser des amendes, frais, dommages et intérêts prononcés par des condamnations judiciaires. La contravention sera punie, par le tribunal correctionnel, d'un emprisonnement d'un mois à un an et d'une amende de cinq cents francs à mille francs.

I.— Cet article était placé, dans le projet du gouvernement, au chapitre 2, relatif aux journaux et écrits périodiques. Il s'ensuivait que l'interdiction ne s'adressait qu'à la presse périodique.

On a voulu lui restituer le caractère de généralité qu'avait la contravention dans l'art. 11 de la loi du 9 septembre 1835, auquel elle a été empruntée. La loi nouvelle reproduit mot à mot la première disposition de cet article, relative aux caractères de l'interdiction. La peine est conservée, sauf le maximum de l'amende qui, au lieu de 5,000 francs, n'est plus aujourd'hui que de 1,000.

M. Dufaure, dans sa circulaire, s'en est référé à la jurisprudence établie précédemment sur l'art. 11 de la loi de 1835, notamment à un arrêt rendu par la cour de cassation, le 1er septembre 1836, qui a jugé que l'annonce indirecte d'une souscription est punissable. La circulaire fait en outre remarquer que les souscriptions privées ne sont pas interdites. Je ne peux que renvoyer à ce que j'ai dit sur la loi ancienne, aujourd'hui remise en vigueur, dans mon tome 1er, pages 673 à 679, nos 973 à 989.

II.— M Dufougerais avait demandé que la prohibition fût exclusivement applicable au cas où la souscription aurait pour but de couvrir la condamnation prononcée pour crime ou délit de presse, et non à celui où la condamnation aurait pour cause une simple contravention. La proposition n'a pas été adoptée. Voyez l'observation que j'ai faite sur ce point dans mon tome 1er, page 674, n° 978.

III.— L'art. 5 précité attribue formellement la connaissance de cette contravention au tribunal correctionnel. C'est ce que faisait l'art. 9 du projet et l'art. 11 de la loi de 1835. Seulement pour approprier la terminologie légale à cette partie de l'article, on a remplacé le mot *infraction* par celui de contravention.

La loi n'est pas ici en contradiction avec l'art. 83 de la Constitution qui attribue au jury la connaissance des *délits politiques* et celle des *délits commis par la voie de la presse*. Cet article 83 est conforme en cela à l'art. 69 de la charte de 1830 et à la loi du 8 octobre 1830. Or, sous l'empire de cette législation, on avait reconnu la distinction entre les contraventions matérielles commises à l'occasion de la presse et les délits commis par la voie de la presse. Les unes étaient naturellement justiciables des tribunaux correctionnels; les autres appartenaient constitutionnellement au jury. Il n'y avait pas de raison pour renverser cette théorie.

« La commission, disait le rapporteur, maintient le principe au« quel n'a pas dérogé la Constitution, qu'en matière de presse les « délits qui résultent de la seule matérialité du fait sont des con« traventions justiciables des tribunaux ordinaires, tandis que « les délits, dont l'appréciation est subordonnée à la moralité du « fait et de l'intention, constituent des délits justiciables du jury. « Il n'y a, dans le cas de la souscription interdite, aucune inter-

« prétation à faire; il n'y a qu'un fait matériel à constater. La
« connaissance de ce fait, dont l'existence constitue une contra-
« vention, devra donc être attribuée aux tribunaux de police cor-
« rectionnelle, selon l'exception portée dans l'origine par l'ar-
« ticle 12 de la loi du 9 juin 1819. » (Rapport de M Combarel de
Leyval.) Voyez mon tome 2, pages 142, 145. 191 à 193.

Quant aux *délits politiques*, la Constitution ne les a pas définis.
C'est aux lois postérieures à donner cette définition, qui comprend certainement les délits énumérés dans l'art. 7 de la loi du
8 octobre 1830, et qui peut comprendre autre chose encore, mais
à la condition qu'une loi l'énoncera expressément. La loi actuelle
n'a pas voulu élever cette infraction, qui ne constitue qu'une
contravention matérielle, à la hauteur d'un *délit politique*. Voyez
mon tome 2, pages 140, 144 à 146, 147, 148, 188, 189, 333, 363,
379, 643.

6. Tous distributeurs ou colporteurs de livres,
écrits, brochures, gravures et lithographies devront
être pourvus d'une autorisation qui leur sera délivrée,
pour le département de la Seine, par le préfet de police, et, pour les autres départements, par les préfets.

Ces autorisations pourront toujours être retirées par
les autorités qui les auront délivrées.

Les contrevenants seront condamnés, par les tribunaux correctionnels, à un emprisonnement d'un mois
à six mois et à une amende de vingt-cinq francs à cinq
cents francs, sans préjudice des poursuites qui pourraient être dirigées pour crimes ou délits, soit contre
les auteurs ou éditeurs de ces écrits, soit contre les
distributeurs ou colporteurs eux-mêmes.

I. — Le projet du gouvernement avait voulu assimiler les colporteurs aux libraires, et les soumettre au brevet, en donnant à
la disposition une sanction pénale. La commission a pensé
qu'il n'y avait, dans une pareille mesure, aucune efficacité;
elle lui a substitué la disposition qui est devenue l'art. 6. Les
distributeurs, les colporteurs doivent donc être munis d'une
autorisation préfectorale qui peut toujours être retirée.

II. — Cette disposition laisse exister la loi de 1834 sur les
crieurs, vendeurs et distributeurs. Cette dernière loi s'applique
aux distributeurs sur la voie publique; la loi nouvelle s'applique

au colportage et à la distribution hors la voie publique, dans les maisons, comme dans les lieux et réunions publics. Sur la loi de 1834, voyez mon tome 1er, page 706 et suivantes, nos 1052 et suivants.

III. — L'art. 6 ne s'applique pas, d'ailleurs, aux libraires qui vendent à leur propre domicile. Le rapporteur de la commission l'a expressément déclaré, en ajoutant que « le commerce de « la librairie n'avait point à s'en préoccuper. » Mais il s'applique à ceux qui, sans être libraires, distribuent, vendent ou exposent des brochures ou autres imprimés dans leur domicile. La cour de Paris en a fait l'application à un limonadier, qui exposait aux vitres de son magasin des écrits de ce genre, dont il avait fait annoncer par les journaux que le dépôt existait chez lui. Elle a jugé qu'il en devait être ainsi, alors même qu'il n'était pas établi qu'un seul exemplaire eût été distribué ou vendu. Paris, 16 janvier 1850 ; G. T. 17.

IV. — Le mot *écrits* comprend les journaux. L'art. 7, qui a voulu les excepter, a eu soin de le dire expressément ; M. le ministre de l'intérieur en a fait l'observation dans la circulaire aux préfets, du 1er août 1849.

V. — Le ministre de l'intérieur n'hésite pas à déclarer que, « dans l'esprit de la loi, l'autorité administrative supérieure se « trouve investie d'un pouvoir, en quelque sorte, discrétion-« naire, et qui doit lui permettre de réprimer les abus du colpor-« tage..... Ce ne serait pas comprendre le sens de la loi et le « vœu du législateur que d'interdire seulement le colportage des « écrits, ou des emblèmes séditieux ou immoraux, que les tri-« bunaux auraient déjà condamnés. Pour en venir là, il n'était « pas besoin d'une loi nouvelle : le droit ordinaire suffisait. « Vous reconnaîtrez que des écrits dangereux peuvent échapper « à l'action de la loi, au moyen de certains artifices de rédaction, « et, cependant, produire les plus pernicieux effets sur l'esprit « des habitants de la campagne, s'ils sont colportés et distribués « à vil prix. Selon la loi, la faculté de colporter ne s'exerce « pas comme un droit, mais comme une concession : l'autorité, « responsable de l'ordre et protectrice de la morale, ne peut « accorder de telles concessions aux dépens de l'ordre et de la « morale. »

VI. — L'article 6 s'applique-t-il aux circulaires électorales et aux écrits relatifs aux élections ? Voici ce qui a été dit à ce sujet par le rapporteur de la commission :

« Il a été proposé, dans le sein de la commission, de vous « soumettre une disposition précise, portant exception en faveur « de la publication et de la distribution des circulaires électo-« rales et des écrits relatifs aux élections. La commission regar.

« comme le premier devoir du législateur de conserver entière
« et complète la liberté des élections ; c'est la garantie de leur
« sincérité, premier élément d'un gouvernement libre. Mais il
« est à remarquer que les distributions des publications électo-
« rales n'ont pas lieu au moyen de colporteurs et de distribu-
« teurs de profession. Chaque citoyen a le droit, sous sa respon-
« sabilité, de distribuer ou faire distribuer ce qu'il croit utile
« à l'élection ; et ce n'est pas contre ces distributions acciden-
« telles que l'article que nous proposons est dirigé. Tout le
« monde reconnaît les abus auxquels a donné lieu la loi du
« 21 avril dernier ; et, lorsque cette loi sera soumise à révision,
« ce sera le lieu de préciser et de sagement limiter les exceptions
« aux lois générales que comporte et nécessite la sincérité des
« élections. » Voyez ci-devant l'art. 2 de la loi du 21 avril 1849,
et l'art. 7 ci-après.

Ainsi, l'art. 6 demeure applicable aux colporteurs, même en
temps d'élection, sauf l'application de la loi du 21 avril 1849, en
faveur de tous autres que les colporteurs de profession. Mais il a
été jugé par la cour suprême que le bénéfice de la loi du
21 avril ne s'applique qu'au cas où il est procédé à des élections
générales, et non à une ou plusieurs élections particulières.
C. C. 12 janvier 1850, cassation de trois jugements de Lons-le-
Saulnier, du 23 août 1849 ; G. T. 20 janvier.

VII. — L'autorisation n'est pas spéciale à la personne et à la
profession ; elle s'applique plus particulièrement à la nature des
ouvrages. En conséquence, le préfet a le droit de spécifier les
écrits, dont il autorise le colportage. Le colportage d'écrits,
non compris dans le catalogue, au sujet duquel l'autorisation
est intervenue, constitue une contravention audit article 6. Trib.
correct. d'appel de Saint-Omer, 9 janvier 1850 ; G. T. 15. Voyez
ci-après n° XIII.

VIII. — Le tribunal correctionnel d'appel de Chartres a jugé,
le 20 décembre 1849, que l'article 6 s'applique exclusivement à
ceux qui exercent la profession habituelle de colporteurs et distributeurs, et qu'il ne comprend pas ceux qui se livrent acciden-
tellement à des faits de distribution et de colportage (G. T. 29).
Mais la chambre d'accusation de la cour de Paris, se fondant sur
le texte de l'article et sur la discussion qui a eu lieu à l'assemblée
législative, a jugé le contraire. Arrêt du 28 décembre 1849
(G. T. 30). Sic, C. C. 15 février 1850, cassation du jugement du
tribunal d'appel correctionnel de Chartres ci-dessus cité ; G. T.
16, 18, 19 février. Sic, cour d'appel de Rouen, 8 mars 1850
(affaire Simon) ; sic, Montpellier, 7 mai 1850 (G. T. 17-18 juin) ;

7

Orléans, 18 juin 1850 (G. T. 20, chron. dép.) ; Paris, 26 juin 1850 (G. T. 27).

Sic, pour la distribution à domicile, C. C. 25 avril 1850, rejet de Douai, 17 mars 1850 (G. T. 26-27); Rouen, 8 mars 1850, déjà cité, sans aucune annonce préalable.

Sic, Rouen, 22 mars 1850 (affaire Huillard), alors même que la distribution a été faite par l'auteur de l'écrit; *Sic*, C. C. 6 juin 1850, cassation d'un jugement d'Auch (G. T. 8).

Voyez ci-devant, page 96, n° III. (1)

IX. — Le mot *écrits* de l'art. 6 comprend aussi bien les journaux que les publications non périodiques. Montpellier, 7 mai 1850 (G. T. 17-18 juin). Voyez, dans ce sens, C. C. 25 avril 1850, rejet de Douai (G. T. 26 et 27). J'avais déjà fait cette observation avant la publication de ces arrêts. Voyez la note 1 au bas de cette page, et ci-devant page 96, n° IV; voyez aussi mon tome 1er, page 711, n° 1064.

X. — Le gérant d'un journal, qui établit des bureaux de distribution et de vente de son journal, doit préposer à cette distribution et à cette vente des individus dûment autorisés, faute de quoi il y a lieu à une condamnation, contre les distributeurs, aux peines édictées par l'art. 6, et à une condamnation solidaire aux dépens contre le gérant du journal, comme civilement responsable du fait de vente et distribution illicites. Tribunal correctionnel de la Seine, 30 mai 1850 (G. T. 31, chron. Paris).

XI. — Ceux qui permettent à un individu non autorisé d'exposer en vente des écrits à l'étalage extérieur de leur boutique, se rendent complices de la contravention. Trib. correct. de la Seine, 23 avril 1850 (G. T. 25). Cf. Code pénal, art. 59, 60 ; loi du 16 février 1834, art. 2.

XII.—Il n'y a pas lieu de rechercher si le distributeur agit pour son compte ou pour le compte d'un tiers. Ce moyen de défense est contraire à la lettre et à l'esprit de la loi. Paris, 24 avril 1850 (G. T. 26).

XIII. — Lorsque l'autorisation détermine l'heure à laquelle la vente ou distribution seront faites, il y a contravention, si la distribution ou la vente ont lieu à une heure différente. Trib.

(1) La feuille précédente, qui comprend la page 96, était imprimée et tirée lorsque les arrêts ci-dessus ont paru, et lorsque le projet de la nouvelle loi sur la presse, qui est devenue la loi du 16 juillet 1850, a été présenté. J'ai dû suspendre l'impression des feuilles suivantes pour attendre le résultat de cette présentation. On sait que l'assemblée législative a mis plus de six mois avant d'arriver à la discussion de cette loi.

correct. de la Seine, 23 avril 1850 (G. T. 25). Voyez ci-devant, p. 97, n° VII.

XIV. — Le fait de se présenter au domicile des citoyens pour recueillir des signatures sur les exemplaires d'une pétition imprimée, ne constitue pas le colportage ou la distribution prévus par l'article 6 précité. C. C. 6 juillet 1850, cassation de Nancy, 31 mai 1850, sur les conclusions conformes de M. Plougoulm (G. T. 7 et 13). La pétition était destinée à l'assemblée législative. Cette décision est très-juridique.

Sic, C. C. 9 août 1850, cassation d'Agen, 6 juillet 1850 (G. T. 10 août). La notice de l'arrêtiste n'indique pas la destination de la pétition. C'est un point à vérifier dans les grands recueils d'arrêts, lorsqu'ils auront publié cette décision.

XV. — La loi de 1849 a eu pour but de réprimer et d'interdire le colportage et la distribution faite directement et personnellement par le porteur de l'écrit; mais elle n'a pas entendu réglementer la distribution faite par la voie de la poste, qui est régie par des lois spéciales. En conséquence, l'envoi et la distribution d'écrits et imprimés par la voie de la poste ne constituent pas un fait de distribution illicite. C. C. 17 août 1850, cassation d'un jugement de Laon (G. T. 18).

Cet arrêt a toute mon approbation. M. l'avocat général Roulland aurait soutenu, s'il faut en croire la *Gazette des Tribunaux*, une doctrine contraire. Il faudrait donc, dans ce système, une autorisation préalable pour pouvoir distribuer un écrit par la voie de la poste; car c'est jusque-là que conduit l'opinion opposée à l'arrêt rendu par la cour suprême. Ce système n'est autre chose que la censure déguisée, et du moment où il serait admis pour les écrits non périodiques, il faudrait l'admettre aussi pour les journaux.

XVI. — L'arrêt ci-dessus, du 17 août 1850, a jugé encore que la distribution manuelle faite par l'auteur, lorsqu'elle n'est que la continuation de la distribution par la voie de la poste, ne constitue pas une distribution illicite. Posée de cette manière, dans un sens général, cette solution est peu en harmonie avec la jurisprudence déjà indiquée (voyez ci-devant p. 97, 98 n. VII et suiv.) De ce qu'un auteur aura eu le droit de faire distribuer quelques exemplaires de son écrit, par la poste, il n'est pas logique de conclure qu'il pourra continuer la distribution personnellement. Dans l'espèce, la cour peut avoir bien jugé; il ne s'agissait que de la remise d'un seul exemplaire, faite manuellement par l'auteur. Mais la formule de la décision, si elle est telle que la *Gazette des Tribunaux* la donne, n'est pas entièrement juridique.

XVII.— Au surplus, il ne faut pas confondre les communications d'auteur, hommage rendu par l'amitié ou par la déférence, avec le fait de distribution interdit par la loi. Mais il en serait autrement si l'auteur se livrait à la propagation de son écrit. Dans ce cas, alors même qu'on n'aurait pas la preuve de la remise d'un certain nombre d'exemplaires, le fait pourrait être considéré comme constituant une distribution illicite.

XVIII. — Lorsque des poursuites sont exercées contr le colporteur ou le distributeur d'un écrit, à raison du contenu de la publication, devant le tribunal du lieu où la distribution a été faite, on ne peut, sur le motif de la connexité, entraîner l'éditeur devant le même tribunal, si cet écrit a été déposé conformément à la loi. Dans ce cas, quelle que soit la connexité, l'éditeur ou l'auteur ne peut être poursuivi, pour le contenu de l'écrit, que devant le tribunal du lieu du dépôt. C. C. 14 septembre 1849, cassation d'Amiens; G. T. 15. Voyez, dans ce sens, mon tome 2, page 104, n° 1283, invoqué, dans le cours de la discussion, devant la cour suprême.

7. Indépendamment du dépôt prescrit par la loi du 21 octobre 1814, tous écrits traitant de matières politiques ou d'économie sociale et ayant moins de dix feuilles d'impression, autres que les journaux ou écrits périodiques, devront être déposés par l'imprimeur, au parquet du procureur de la république du lieu de l'impression, vingt-quatre heures avant toute publication et distribution.

L'imprimeur devra déclarer, au moment du dépôt, le nombre d'exemplaires qu'il aura tirés.

Il sera donné récépissé de la déclaration.

Toute contravention aux dispositions du présent article sera punie, par le tribunal de police correctionnelle, d'une amende de cent francs à cinq cents francs.

I. — Le projet du gouvernement ne s'expliquait pas sur la formalité du dépôt prescrit par la loi de 1814; il ne soumettait au nouveau dépôt que les écrits ayant moins de cinq feuilles d'impression; il fixait le minimum de l'amende à 100 fr.

Ainsi, le dépôt exigé par la loi de 1814 demeure obligatoire pour tous les écrits ordinaires, indépendamment de celui qui est prescrit cumulativement par la loi actuelle, pour les écrits dont elle s'occupe. Voyez mon tome 1er, pages 39, 541 et suivantes, no 745 et suivants.

Quant aux journaux et écrits périodiques, cautionnés ou non, l'art. 7 de la loi nouvelle ne leur est pas applicable; ils continuent à être régis par la législation antérieure, en ce qui concerne la formalité du dépôt. Voyez mon tome 1er, page 38 et pages 613 et suivantes, nos 872 et suivants; et page 623, nos 901 à 904.

II. — Le dépôt exigé par la loi nouvelle doit être fait vingt-quatre heures avant toute publication et distribution. L'art. 14 de la loi de 1814 veut seulement que le dépôt soit fait avant la publication.

III. — Le projet du gouvernement ne s'appliquait qu'aux écrits *traitant de matières politiques*. Ces mots comprennent, bien évidemment, les matières d'*économie sociale;* mais la commission, pour lever toute espèce de doute, a ajouté ces derniers mots au projet du gouvernement : « Que faut-il entendre, a dit « le rapporteur, par ces mots : *matières politiques?* Dans leur « sens légal et judiciaire, ces mots s'appliquent-ils aux écrits « où, sans qu'il soit question du gouvernement, on nie, on bou- « leverse les bases de la société, soit sous prétexte de science « sociale, soit pour le développement de tel système philoso- « phique ou de telle théorie prétendue religieuse? Quoique, dans « son acception originelle, le mot *politique* embrasse l'ensemble « des affaires d'un pays, celles de la société aussi bien que celles « du gouvernement, dont l'existence suppose une société à « régir; la commission a pensé, pour éviter toute équivoque et « rendre faciles l'intelligence et l'application de l'article, qu'il « convenait d'ajouter aux mots : « traitant de matières politi- « ques, » ceux-ci : « et d'économie sociale. » (Rapport de M. Combarel de Leyval.)

Le sens des mots : *matières politiques,* a été fixé par la jurisprudence et par la doctrine. Il me suffit de renvoyer à ce que j'ai déjà dit à cet égard dans mon tome 1er, pages 593, 594 et 701.

Je dois faire remarquer ici qu'on a considéré comme un écrit traitant de matières politiques, et conséquemment comme devant être déposé au parquet, l'impression d'une comédie représentée au théâtre du Gymnase, à Paris, sous le titre : *Le Bourgeois de Paris.* Trib. correct. de la Seine, 19 juillet 1850; G. T. 20.

IV. — On avait demandé que les circulaires électorales et les écrits relatifs aux élections fussent exemptés de l'application de l'art. 7, en temps d'élection, pourvu que ces écrits fussent signés et déposés à la mairie; mais la commission n'a pas voulu admettre cette exception, et l'article a été adopté avec la rédaction proposée, qui soumet indistinctement à la formalité prescrite tous les écrits ayant moins de dix feuilles d'impression. L'amendement de MM. Nettement et Emile Leroux, écarté par la commission, n'a pas été adopté.

V.—Voyez, sur l'article précédent, n° IX, l'arrêt cité de la cour de cassation.

VI. — La peine pour le défaut de dépôt à la préfecture est régie par la loi du 21 octobre 1814, et non par l'art. 7 de la loi de 1849, qui n'est applicable qu'au défaut de dépôt au parquet du procureur de la république. Toulouse, 3 mai 1850 ; G. T. 6 juin.

VII. — L'art. 365 du code d'instruction criminelle, qui défend le cumul des peines, n'est pas applicable aux contraventions d'imprimerie, particulièrement au dépôt au parquet du procureur de la république, conformément à l'art. 7. Dès lors les tribunaux doivent prononcer la peine édictée par cet article et celle édictée par la loi de 1814, si l'imprimeur a omis, en outre, d'inscrire son nom et sa demeure sur l'imprimé. Paris, 24 juillet 1850 ; G. T. 25. — Voyez dans ce sens C. C. 7 juin 1842, 25 janvier 1845, 9 novembre 1849 (affaire Jeanne).

CHAPITRE II.

DISPOSITIONS RELATIVES AUX JOURNAUX ET ÉCRITS PÉRIODIQUES.

8. Le décret du 9 août 1848, relatif au cautionnement des journaux et écrits périodiques, est prorogé jusqu'à la promulgation de la loi organique sur la presse.

I. — Je me suis déjà expliqué sur la portée générale de cet article. Voyez ci-devant, p. 41, 42, 43 et p. 72, 73, 74.

II. — Les lois des 9 juin 1819 et 18 juillet 1828 continuent à exister en ce qui concerne le cautionnement des journaux, sauf les modifications introduites par le décret du 9 août 1848 et par la loi du 16 juillet 1850. Voyez ci-devant, p. 43, 44, et ci-après p. 122 et suivantes.

Sur une application récente de la loi du 18 juillet 1828, voyez le n° III ci-après.

III. — Le cautionnement fourni pour la publication d'un journal, dans un département, ne peut servir pour la publication, dans un autre département, du même journal qui a été suspendu dans le département où il paraissait d'abord. La publication aurait dû être, en outre, précédée des déclarations prescrites par les art. 6, 7 et 8 de la loi du 18 juillet 1828. Tribunal correctionnel de Privas, 24 août 1849; G. T. 31. Confirmé par la cour de Nîmes, G. T. 4 avril 1850. Voyez ci-devant, p. 27 n. VII.

9. Aucun journal ou écrit périodique ne pourra être signé par un représentant du peuple en qualité de gérant responsable. En cas de contravention, le journal sera considéré comme non signé, et la peine de cinq cents francs à trois mille francs d'amende sera prononcée contre les imprimeurs et propriétaires.

I. — Cette interdiction est renouvelée d'un décret de la Convention, du 9 mars 1793. Lors de la discussion de la loi du 18 juillet 1828, la même interdiction avait été demandée à l'égard des pairs et des députés, mais la proposition avait été rejetée. Voyez mon tome 1er, pages 608 et 609, n° 861.

II. — La contravention est passible d'une amende prononcée contre les imprimeurs et les propriétaires, le journal étant considéré comme non signé.

III. — La loi actuelle interdit-elle à un représentant les fonctions de gérant ? Non : elle lui interdit seulement de signer le journal en qualité de gérant; c'est pour cela que sa signature est non avenue. La contravention est poursuivie contre l'imprimeur et les propriétaires, qui ne doivent pas permettre à un représentant, fût-il même gérant reçu par l'administration, de signer le journal en cette qualité. En principe, le représentant gérant serait aussi passible de la contravention, mais on n'a pas voulu que la justice se trouvât en présence d'un représentant. On a voulu éviter l'inconvénient d'avoir à demander fréquemment l'autorisation de poursuivre; mais il est évident que si on avait entendu interdire les fonctions de gérant aux représentants, d'une manière absolue, on aurait déclaré l'incompatibilité des fonctions, et non l'interdiction de signer. Au surplus, la loi n'interdit pas à un représentant de prendre part à la rédaction d'un journal : un article portant sa signature peut donc être poursuivi, pour son contenu, contre le gérant du journal et contre le représentant lui-même.

10. Il est interdit de publier les actes d'accusation et aucun acte de procédure criminelle avant qu'ils aient été lus en audience publique, sous peine d'une amende de cent francs à deux mille francs.

En cas de récidive commise dans l'année, l'amende pourra être portée au double et le coupable condamné à un emprisonnement de dix jours à six mois.

I. — Cet article a été ajouté sur la proposition de M. Labordère; il contient deux prohibitions : la première est relative aux actes d'accusation ; la deuxième interdit la publication d'aucun acte de procédure criminelle.

II. — Quant aux *actes d'accusation*, la proposition d'en interdire la publication avait été faite par M. Louis Blanc. On en comprend les motifs. La presse judiciaire avait depuis longtemps exécuté cette prohibition, avant même qu'elle ne fût devenue une loi du pays. Un projet avait été élaboré à ce sujet dès le mois de septembre 1848. Un rapport avait été fait par M. Labordère, au nom du comité de législation. Voyez ce rapport dans la *Gazette des Tribunaux* du 17 septembre 1848.

III. — La deuxième disposition de l'article, relative aux actes de procédure, était comprise dans le projet élaboré au nom du comité de législation. Voici comment le rapport de M. Labordère en expliquait le sens :

« Après avoir ainsi modifié et complété le projet proposé
« (relativement aux actes d'accusation), nous nous sommes
« demandé si les raisons qui l'appuient ne devaient point faire
« étendre les mêmes prohibitions à la publication des procédures
« d'instruction criminelle.

« L'instruction, en matière criminelle, a un caractère prépa-
« ratoire; elle constate le délit et en recherche les auteurs, non
« pour les juger, mais pour préparer leur mise en jugement.
« Dirigée tant à charge qu'à décharge, elle s'attache à fortifier
« les suspicions qui lui paraissent fondées, et dissipe, par cela
« même, celles qui auraient fait naître le mensonge ou l'erreur.

« Notre droit criminel veut qu'elle soit secrète : la divulgation
« de ses actes en entraverait souvent la marche, et pourrait
« prêter à la malveillance des moyens de tromper la vigilante
« attention des magistrats. Lorsque, parvenue à son terme,
« l'instruction donne lieu à une décision négative, faute de
« charges suffisantes, elle n'est pas annulée, mais seulement
« suspendue dans son action, pour être reprise ultérieurement,

« si de nouveaux indices viennent plus tard à se produire. Il est
« donc essentiel qu'elle reste secrète, dans l'intérêt de la vindicte
« publique, même après l'ordonnance ou l'arrêt de non-lieu.

« C'est surtout par respect pour le droit sacré de la défense,
« qu'il est indispensable d'en empêcher la publication : les in-
« culpés n'auraient aucun refuge, aucun appui contre les divul-
« gations à l'aide desquelles pourraient se produire la diffa-
« mation et la calomnie; ils n'auraient même pas, dans certains
« cas, contre de pareilles attaques, la tardive et insuffisante
« ressource de l'audience. L'interdiction de publier les actes
« d'accusation n'aurait, dans tous les cas, qu'une incomplète
« efficacité, si elle ne s'étendait sur les actes de la procédure
« qui y a donné lieu. » (G. T. 17 septembre 1848.)

IV. — La récidive commise dans l'année est distincte de la
récidive ordinaire. Il en est de cette récidive comme de celle qui
est régie par l'art. 7 de la loi du 25 mars 1822 : dans l'un et l'autre
cas, la loi a entendu une seconde infraction du même genre,
car le § 1er de l'art. 10 de la loi de 1849, de même que le § 7 de
la loi de 1822 ne prononce qu'une amende. Voyez, sur cette
dernière loi, mon tome 1er, page 182, n° 242.

La peine de la récidive spéciale, édictée par notre art. 10, est
facultative.

V. — Pour la juridiction compétente, voyez l'art. 12 ci-après.

11. Il est interdit de rendre compte des procès pour
outrages ou injures et des procès en diffamation où
la preuve des faits diffamatoires n'est pas admise par
la loi.

La plainte pourra seulement être annoncée sur la
demande du plaignant. Dans tous les cas, le jugement
pourra être publié.

Il est interdit de publier le nom des jurés, excepté
dans le compte-rendu de l'audience où le jury aura
été constitué;

De rendre compte des délibérations intérieures,
soit des jurés, soit des cours et tribunaux.

L'infraction à ces dispositions sera punie d'une
amende de deux cents francs à trois mille francs.

En cas de récidive commise dans l'année, la peine pourra être portée au double.

I. — Cet article n'était ni dans le projet du gouvernement, ni dans celui de la commission; il faisait partie du projet proposé à la constituante, au nom du comité de législation, dont M. Labordère fut le rapporteur, et dont j'ai parlé à l'occasion de l'article précédent. Toutes ses dispositions sont empruntées à l'art. 10 de la loi du 9 septembre 1835; la peine seule a été modifiée, et on a ajouté le paragraphe dernier, relatif à la récidive.

Sur les § 1er et 2e, voyez mon tome 1er, page 639 et suivantes, nos 919 et suivants.

Sur le § 3, voyez mon tome 1er, page 668 et suivantes, nos 964 et suivants.

Sur le § 4, voyez mon tome 1er, page 670 et suivantes, nos 969 et suivants.

Sur le § 6e et dernier, voyez l'article précédent, page 102, no 4.

II. — Tous ces paragraphes, pris en eux-mêmes, semblent s'appliquer à la presse ordinaire aussi bien qu'à la presse périodique, mais le chapitre sous lequel ils sont placés étant relatif exclusivement à la presse périodique, ne peut-on pas dire que la prohibition ne concerne que cette dernière presse? Il n'en était pas ainsi de l'art. 10 de la loi du 9 septembre 1835, qui n'était point placé sous une rubrique spéciale, et qui, dès-lors, s'appliquait à la presse ordinaire ou à la presse périodique, selon la rédaction de chaque paragraphe. Le texte du projet présenté à la constituante, et dont j'ai déjà parlé, s'était attribué à cet égard la rédaction de la loi de 1835. Ainsi, dans ce projet comme dans la loi de 1835, l'interdiction relative aux noms des jurés et aux délibérations des cours et tribunaux, ne tombait pas seulement sur la presse périodique : elle frappait tous les moyens de publication par la voie de la presse; car ces deux délits sont tout aussi dangereux dans un cas que dans l'autre.

III. — Quant à la juridiction compétente, voyez l'article suivant.

12. Les infractions aux dispositions des deux articles précédents seront poursuivies devant les tribunaux de police correctionnelle.

Cette disposition est empruntée au § 4 de l'article 10 de la loi du 9 septembre 1835. Voyez mon tome 1er, page 645, nos 937, 938; et tome 2e, page 195, no 1421.

13. Tout gérant sera tenu d'insérer en tête du journal les documents officiels, relations authentiques, renseignements et rectifications qui lui seront adressés par tout dépositaire de l'autorité publique. La publication devra avoir lieu le lendemain de la réception des pièces, sous la seule condition du payement des frais d'insertion. Toute autre insertion réclamée par le gouvernement, par l'intermédiaire des préfets, sera faite de la même manière, sous la même condition, dans le numéro qui suivra le jour de la réception des pièces. Les contrevenants seront punis par les tribunaux de police correctionnelle, d'une amende de cinquante à cinq cents francs.

L'insertion sera gratuite pour les réponses et rectifications prévues par l'art. 11 de la loi du 25 mars 1822, lorsqu'elles ne dépasseront pas le double de la longueur des articles qui les auront provoquées; dans le cas contraire, le prix d'insertion sera dû pour le surplus seulement.

§ 1er. — I. — Le premier paragraphe est copié textuellement de l'art. 18 de la loi du 9 septembre 1835. Le projet du gouvernement et celui de la commission étaient conformes à la disposition adoptée. Voyez mon tome 1er, pages 665 à 667, n° 960 et suiv., tome 2, page 82, note 3 et page 195.

II. — En cas d'application du § 1er, le payement préalable des frais ne peut être exigé par le gérant du journal. Trib. correct. de la Seine, 27 avril 1850; le préfet de police, c. la *Voix du Peuple*; G. T. 28. Voyez ci-après n. IV et VIII.

Le payement des frais d'insertion dont parle le § 1er, ne doit pas être fait suivant le tarif des annonces; il n'est dû que les frais matériels d'impression. Trib. correct. de la Seine, 27 avril 1850; le préfet de police, c. la *Voix du Peuple*; G. T. 28. *Sic*, trib. civil de la Seine, 30 août 1850; le préfet de police, c. la *République*; G. T. 31. Voyez ci-après n. X.

§ 2. — III. — Le § 2e a été ajouté sur la demande de M. Monet; il a pour effet de remettre en vigueur le 2e paragraphe de l'article 17 de la loi du 9 septembre 1835. Voyez la fin du n. V ci-après.

IV. — Comment sera payé ce qui excède le double de la longueur de l'article auquel on répond? La loi du 9 septembre 1835 disait que le payement aurait lieu suivant le tarif des annonces. Cette loi est abrogée, mais sa disposition peut être prise pour règle de conduite. Voyez ci-après n. VIII.

V. — Il a été jugé, depuis la révolution de février, que le bénéfice des dispositions de l'art. 11 de la loi de 1822 peut être invoqué par un représentant du peuple, à raison de l'appréciation faite par un journal d'un discours prononcé à l'assemblée nationale par ce représentant. La réponse peut consister dans l'insertion de ce même discours, quelle que soit sa longueur, sous la seule condition du payement des frais d'insertion, pour ce qui excèderait le double de la longueur de l'article auquel le discours sert de réponse. Tribunal correctionnel de la Seine, 22 août 1849; Ségur-d'Aguesseau, représentant du peuple, contre le *National* et le *Siècle; G. T.* 23. Sur l'appel, le jugement a été confirmé par la cour de Paris, le 13 décembre 1849; G. T. 14. Le pourvoi a été rejeté sur les points relatifs à la nécessité de l'insertion. Cette solution est une application nouvelle et juridique de la jurisprudence antérieure de la cour de cassation. Voyez mon tome 1er, page 647 et suivantes, et le no VI ci-après. Mais l'arrêt a été cassé en ce qui concerne l'insertion relative au double de la longueur de l'article, parce que, lorsque la réponse avait été faite et l'article publié, l'art. 13 précité n'avait pas encore été promulgué, et que, par suite de l'abrogation de la loi du 9 septembre 1835, le procès n'était alors régi que par l'art. 11 de la loi de 1822. Cette dernière disposition de l'arrêt règle une question transitoire. C. C. 8 février 1850; G. T. 9 et 10. *Sic*, sur ce dernier point, Amiens, 18 avril 1850, après le renvoi de la cour de cassation. G. T. 22-23.

VI.—Le bénéfice de l'art. 11 de la loi de 1822 peut être invoqué à raison de l'appréciation faite, par un journal, d'une séance de l'assemblée législative. Paris, 19 octobre 1849; Pecoul, représentant du peuple, contre le *Siècle; G. T.* 20. Voyez le no V ci-dessus.

VII. — Dans l'affaire intentée par M. Pecoul, le journal était poursuivi tout à la fois pour une demande en insertion et pour une plainte en diffamation. La cour de Paris a statué sur les deux chefs ainsi cumulés. Sur le cumul de ces deux actions, voyez mon tome 1er, page 661, no 954.

VIII. — Lorsque la réponse excède le double de l'article qui l'a provoquée, le gérant ne peut refuser d'insérer la réponse, en exigeant que le prix de l'excédant lui soit payé d'avance ou consigné préalablement. Paris, 16 mai 1850; G. T. 17. — *Sic*, Metz, 23 mai 1850 ; G. T. 21 juin. Voyez dans mon tome 1, n. 943. Voyez aussi ci-devant n. II.

IX. — Lorsque la réponse a été signifiée au bureau du journal, siége de l'administration, le gérant ne peut se justifier du défaut d'insertion en prétendant qu'il est étranger à tout ce qui se passe dans le bureau de la rédaction, et que le rédacteur en chef ne lui a rien communiqué. Metz, 23 mai 1850; G. T. 21 juin. Voyez mon tome 1, n. 855, 856, 857 et suivants.

X. — Le fonctionnaire désigné peut exiger l'insertion en qualité de citoyen et en vertu du paragraphe 2 dudit article, et non en qualité de dépositaire de l'autorité publique. Il n'est pas tenu alors du payement des frais d'insertion, et il ne doit payer que ce qui dépasse dans sa réponse le double de l'article du journal. Metz, 23 mai 1850; G. T. 21 juin. Voyez mon tome 1, n. 942, 949, et surtout 960, et voyez aussi ci-devant n. II.

XI. — Lorsqu'un journal cesse de paraître, après avoir refusé, sans motif légitime, l'insertion d'une réponse, les magistrats peuvent faire usage de l'art. 26 de la loi du 26 mai 1819 et ordonner l'impression et l'affiche, aux frais du gérant, de l'arrêt contenant la lettre dont l'insertion a été illégalement refusée. Metz, 23 mai 1850; G. T. 21 juin. Voyez mon tome 2, n. 1890, 1891 et suiv.

XII. — La loi ne détermine pas, à l'égard des particuliers, la place où doit figurer l'insertion ; il appartient aux tribunaux d'apprécier si l'insertion est satisfaisante, soit par la place qu'elle occupe, soit par les caractères d'imprimerie dont on s'est servi. On peut considérer comme satisfaisante l'insertion placée à la suite de la signature du gérant, lorsque les caractères de la réponse sont égaux à ceux de la lettre qui l'a motivée, si elle ne peut échapper aux yeux du lecteur. Trib. correct. de la Seine, 27 juin 1850; Bissette *contre la République;* G. T. 28. Voyez dans ce sens, même tribunal, 7 janvier 1847; Genoude *contre les Débats*; G. T. 8. Dans cette dernière espèce, la lettre avait été placée *avant* la signature du gérant et avant les annonces. Dans l'affaire Bissette, l'insertion a eu lieu *après* la signature, mais il a été constaté qu'il n'y avait pas d'annonces.

14. En cas de condamnation du gérant pour crime, délit ou contravention de la presse, la publication du journal ou écrit périodique ne pourra avoir lieu, pendant toute la durée des peines d'emprisonnement

et d'interdiction des droits civiques et civils, que par un autre gérant remplissant toutes les conditions exigées par la loi. Si le journal n'a qu'un gérant, les propriétaires auront un mois pour en présenter un nouveau, et, dans l'intervalle, ils seront tenus de désigner un rédacteur responsable. Le cautionnement entier demeurera affecté à cette responsabilité.

I. — Reproduction littérale de l'art. 19 de la loi du 9 septembre 1835, sauf que ce dernier article ne parlait que de l'interdiction des droits civils, tandis que la loi actuelle parle des *droits civiques et civils*. Voyez mon tome 1er, pages 128, 168, 181, 616, 617.

II. — Le gérant incarcéré n'est pas moins soumis aux peines réservées à *quiconque publie* un journal sans se conformer aux lois sur le cautionnement, s'il est démontré que, du fond de sa prison, il a continué à diriger l'entreprise. Metz, 3 juillet 1850; G. T. 17. Dans l'espèce, le journal était publié par un second gérant qui était libre. On peut donc mettre en doute la valeur légale de cette solution, qui serait juridique si, n'ayant qu'un gérant, la publication continuait sous la direction du gérant unique détenu en prison.

15. La suspension autorisée par l'art. 15 de la loi du 18 juillet 1828 pourra être prononcée par les cours d'assises, toutes les fois qu'une deuxième ou ultérieure condamnation pour crime ou délit sera encourue, dans la même année, par le même gérant ou par le même journal.

La suspension pourra être prononcée, même par un premier arrêt de condamnation, lorsque cette condamnation sera encourue pour provocation à l'un des crimes prévus par les articles 87 et 91 du code pénal.

Dans ce dernier cas, l'art. 28 de la loi du 26 mai 1819 cessera d'être applicable.

I. — Le paragraphe premier applique la suspension prévue et édictée par l'art. 15 de la loi de 1828, au cas d'*une deuxième ou ultérieure condamnation* encourue pour crime ou délit, dans la même année, par le même gérant ou par le même journal. Nous sommes ici hors des termes de la *récidive* légale, tandis que la loi de 1828 exigeait la *récidive*. La disposition actuelle est renouvelée de la deuxième partie de l'art. 12 de la loi du 9 septembre 1835. Voyez, sur ce dernier article, mon tome 1ᵉʳ, pages 168 et 179, nᵒ 233, pages 180 et 181, et page 638, nᵒ 918.

II. — L'art. 12 de la loi de 1835 s'appliquait en cas d'une condamnation quelconque prononcée par les *cours* et *tribunaux*. La suspension pouvait être ordonnée par le tribunal correctionnel. Aujourd'hui il faut qu'il y ait eu une seconde ou ultérieure condamnation *pour crime ou délit;* et la suspension, dans ce cas, peut être prononcée par les *cours d'assises.* Il semble résulter de là que la condamnation *ultérieure.* pour donner lieu à la suspension, devra avoir été ou être prononcée par une cour d'assises. Le rapport de M. Combarel de Leyval affecte, en effet, de désigner toujours les cours d'assises. C'est donc bien à la cour d'assises qu'il appartient de prononcer la suspension; il ne peut y avoir le moindre doute à cet égard.

III. — L'art. 12 de la loi de 1835 autorisait à porter la suspension à quatre mois, si la condamnation avait eu lieu pour crime. Voyez mon tome 1ᵉʳ, page 179, nᵒ 234. La loi de 1849 ne s'est pas approprié cette disposition.

IV. — Mais la loi nouvelle veut qu'en cas de condamnation pour provocation à l'un des crimes prévus par les art. 87 et 91 du code pénal, la suspension puisse être prononcée, même par un *premier arrêt* de condamnation. Dans le projet du gouvernement, cette disposition du deuxième paragraphe de l'art. 15 s'appliquait à une condamnation « encourue par une provoca- « tion directe à la révolte, ou par tout appel aux armes. » La commission a substitué à cette formule celle de la loi actuelle, qui n'exige pas la condition d'une provocation directe. La formule du projet : *provocation à la révolte, appel aux armes,* « était nouvelle dans le langage judiciaire; aucune définition « n'en limitait l'étendue. » (Rapport de M. Combarel de Leyval.) On remarquera enfin qu'il n'est pas nécessaire que la provocation ait été suivie d'effet.

L'application du deuxième paragraphe ne peut être faite aussi que par les cours d'assises. Ce paragraphe se lie au premier; les termes de l'un et de l'autre indiquent la juridiction qui doit prononcer la suspension. Le § 1ᵉʳ dit les *cours d'assises ;* le deuxième parle d'un *premier arrêt de condamnation.* Le rapport est tout aussi explicite à cet égard sur ce paragraphe que sur le premier.

« Le deuxième paragraphe, dit M. Combarel de Leyval, étend cette
« faculté, *concédée aux cours d'assises*, aux cas d'une première
« condamnation pour appel aux armes et provocation directe à
« la révolte.... Les magistrats *composant la cour d'assises* seront
« plus à même d'apprécier les cas dans lesquels ils auront à
« faire usage de cette faculté (créée par le deuxième para-
« graphe.) »

V. — Il ne faut pas oublier que l'art. 15 de la loi de 1828 demeure en vigueur pour le cas de récidive légale. Voyez, sur cet
article, mon tome 1er, pages 168, 175, 179 à 181, 638; tome 2,
page 197.

VI. — Le troisième et dernier paragraphe de notre art. 15 crée
une disposition nouvelle, qui aurait dû être formulée dans un
article particulier. Aux termes de l'art. 28 de la loi du 26 mai
1819, la liberté provisoire est obligatoire pour les magistrats, en
cas de poursuite, à raison d'un *délit* de la presse. Cet article fixe,
en outre, le maximum du cautionnement. Voyez mon tome 2,
pages 249 à 259, nos 1528 et suivants. Le dernier paragraphe de
la loi actuelle prive de cet avantage celui qui sera poursuivi pour
provocation, suivie ou non d'effet, à l'un des crimes prévus par les
art. 89 et 91 du code pénal. Quand il s'agit de pareilles provoca-
« tions, celui qui, comme gérant ou comme écrivain, s'en est rendu
« volontairement responsable, celui-là ne doit pas trouver dans
« la loi les moyens de soustraire sa personne aux peines corpo-
« relles qui peuvent l'atteindre; en le tolérant, la loi se condam-
« nerait à l'impuissance. » (Rapport de M. Combarel de Leyval.)

On rentre dans le droit commun en ce qui concerne la liberté
provisoire.

CHAPITRE III.

DE LA POURSUITE.

Ce chapitre est, à peu de chose près, la reproduction presque
textuelle d'un projet de loi présenté à l'assemblée constituante,
le 20 octobre 1848, par M. Marie, alors ministre de la justice sous
l'administration du général Cavaignac. La loi actuelle est moins
dure pour la presse que le projet de M. Marie, qui renchérissait
même sur la loi du 9 septembre 1835. Je signalerai les ressem-
blances ou les dissemblances de la loi actuelle avec celle de 1835,
à mesure que l'ordre des articles me permettra de le faire avec
utilité.

Ce chapitre s'applique à la poursuite de tous les crimes et délits

commis par une voie de publication, en cas de citation directe
comme en cas de poursuite après information préalable. Mais il
y a des dispositions qui ne concernent que la poursuite directe;
j'aurai soin de les indiquer.

16. Le ministère public aura la faculté de faire
citer directement à trois jours, outre un jour par
cinq myriamètres de distance, les prévenus devant la
cour d'assises, même après qu'il y aura eu saisie.

La citation contiendra l'indication précise de l'écrit
ou des écrits, des imprimés, placards, dessins, gravures, peintures, médailles ou emblèmes incriminés,
ainsi que l'articulation et la qualification des délits
qui ont donné lieu à la poursuite.

Dans le cas où une saisie aurait été ordonnée ou
exécutée, copie de l'ordonnance ou du procès-verbal
de ladite saisie sera notifiée au prévenu en tête de la
citation, à peine de nullité.

I. — Le premier paragraphe est la reproduction de l'art. 24 de
la loi du 9 septembre 1835. Le troisième paragraphe, relatif à la
copie du procès-verbal de saisie, est conforme à la disposition
finale dudit article 24. Seulement, ce troisième paragraphe prévoit le cas où la saisie a été ordonnée, sans être exécutée, et il
exige qu'on donne copie de l'ordonnance, à peine de nullité.
Cette formalité, lorsqu'il n'y a pas eu de saisie, est complètement inutile; il était plus inutile encore de la prescrire, à peine
de nullité, car elle n'intéresse en aucune manière le prévenu. La
loi de 1835 n'ordonnait pas l'augmentation du délai, à raison de
la distance. Sauf ces différences insignifiantes, les premier et
troisième paragraphes de l'art. 16 doivent être entendus et appliqués comme l'art. 24 de la loi de 1835. Voyez, sur cet article 24
et sur la poursuite directe, en pareille matière, devant la cour
d'assises, ce que je dis dans mon tome 2, pages 221, 273, 284,
300, note 4, 302 à 306, 309, 310, 311 à 317, 319 à 326, 326 à 330,
337, 627.

La faculté de citer directement ne s'applique d'ailleurs, aujour-
d'hui comme en 1831 et en 1835, qu'à la poursuite, à raison d'un
délit, et non pour un crime. Voir mon tome 2, page 310, n° 1633.

II.— La disposition du deuxième paragraphe, relative à l'indication de l'écrit et à l'articulation et qualification du délit, n'était

8

pas dans la loi de 1835, mais elle était exigée par l'art. 2 de la loi du 8 avril 1831, auquel la loi de 1835 s'en était référé, à cet égard, d'après l'observation que j'avais déjà faite. Voyez mon tome 2, nᵒˢ 1626 et 1632.

Quant à ce qu'il faut entendre par les mots : *articulation* et *qualification*, voyez mon tome 2, pages 222, 223 et suivantes ; page 300, note 3, et 309, nᵒˢ 1626 et 1628, et pages 466, 467, nᵒ 1953.

III. — Cet article déroge à la formalité de l'interrogatoire du prévenu ; mais si la voie de la citation directe n'a pas été prise, l'interrogatoire doit avoir lieu, à peine de nullité de l'arrêt de la chambre d'accusation ; car l'interrogatoire est une formalité substantielle qui tient au droit de la défense. C. C. 16 novembre 1849, cassation d'un arrêt de la chambre d'accusation de Bordeaux ; G. T. 17 novembre et 13 décembre.

17. Si le prévenu ne comparaît pas au jour fixé par la citation, il sera jugé par défaut par la cour d'assises, sans assistance ni intervention de jurés.

L'opposition à l'arrêt par défaut devra être formée dans les trois jours de la signification à personne ou à domicile, outre un jour par cinq myriamètres de distance, à peine de nullité.

L'opposition emportera de plein droit citation à la première audience.

Si, à l'audience où il doit être statué sur l'opposition, le prévenu n'est pas présent, le nouvel arrêt rendu par la cour sera définitif.

I. — Les trois premiers paragraphes sont conformes aux trois premiers paragraphes de l'art. 25 de la loi de 1835. Il y a seulement cette différence de texte, dans le premier paragraphe, que la loi de 1849 dit que le jugement par défaut aura lieu sans assistance ni intervention de jurés. Cela n'était pas dit textuellement par la loi de 1835, mais on l'entendait et on le pratiquait ainsi. La loi de 1835 donnait *cinq jours, à partir de la signification*, pour former opposition ; celle de 1849 veut que l'opposition soit *formée dans les trois jours de la signification*, ce qui est plus rigoureux. Dans cette dernière loi, le délai court à partir de la signification *à personne ou à domicile ;* la loi de 1835 disait seulement *à partir de la signification.* Enfin, la loi actuelle augmente le délai à raison de la distance. La loi de 1835 ne disait rien à cet égard, mais la doctrine enseignait qu'elle devait être entendue dans le sens de l'augmentation, à raison de la distance. Voyez sur cette matière des défauts et de l'opposition devant la cour d'assises, mon tome 2, pages 338 à 363.

II. — La loi de 1835 se bornait à dire que l'opposition emportait citation à la première audience, sans s'expliquer sur le point de savoir ce qu'il fallait faire si le prévenu ne se présentait pas à cette audience. L'art. 19 de la loi du 26 mai 1819 avait prévu ce cas, et décidait que l'opposition serait non-avenue et que l'arrêt serait définitif, ce qui signifiait qu'il serait rendu par la cour, sans l'assistance du jury. Le dernier paragraphe de notre art. 17 ne s'explique pas avec la même netteté. Au lieu de dire que l'opposition *est non avenue* et que *l'arrêt par défaut est définitif*, la loi nouvelle dit : *le nouvel arrêt rendu par la cour sera définitif*. Cette rédaction est très-vicieuse, si elle doit être entendue et pratiquée dans le sens attribué à l'art. 19 de la loi de 1819 ; c'est dans ce dernier sens, en effet, qu'on l'applique depuis la promulgation de la loi nouvelle ; mais alors, pourquoi changer la formule de cette loi? Voyez mon tome 2, page 360, n° 1716.

III. — L'art. 19 de la loi du 26 mai 1819 voulait que le prévenu, dans les cinq jours de la notification de son opposition, déposât au greffe une requête tendant à obtenir du président de la cour d'assises fixation du jour pour le jugement de l'opposition. Le défaut de dépôt de cette requête, dans le délai déterminé, rendait l'opposition non avenue et l'arrêt par défaut définitif. Cette formalité avait été emportée par l'art. 24 de la loi de 1835, qui donnait à l'opposition la force d'une citation de plein droit à la première audience. Voyez mon tome 2, page 360, n° 1715. Le décret du 6-8 mars 1848, en abrogeant, d'une part, la loi de 1835, et, d'autre part, en maintenant la législation précédente, avait fait revivre l'art. 19 précité de la loi de 1819. C'est ce qui a été jugé par plusieurs arrêts, notamment par la cour d'assises de la Seine, le 28 février 1849 (G. T. 1er mars); *sic*, même cour, 30 juin 1849, affaire du journal le *Peuple* (G. T. 1er juillet); cour d'assises de l'Orne, 7 juillet 1849 (G. T. 17). Voyez implicitement dans le même sens, les arrêts ci-après cités n. V.

IV. — Les arrêts précédents ont été rendus sous l'empire des lois du 6 mars et du 11 août 1848, avant la promulgation du décret du 27 juillet 1849, qui a reproduit dans son art. 17 la disposition de la loi de 1835. Il s'ensuit qu'aujourd'hui, comme sous la loi de 1835, le dépôt au greffe de la requête, dont parle la loi de 1819, n'est plus nécessaire.

V. — Mais il s'est présenté une question transitoire qui n'est pas sans intérêt.

Lorsque la déchéance prononcée par l'art. 19 de la loi de 1819 a été encourue avant la promulgation de la loi du 27 juillet 1849, cette loi ne relève-t-elle pas le prévenu de cette déchéance, s'il est jugé sous l'empire de la loi nouvelle? La cour d'assises de la Seine-Inférieure a jugé que la déchéance n'avait plus lieu, parce que, s'agissant d'une loi de procédure, cette loi s'applique aux faits antérieurs, lorsque ces faits sont jugés après la promulgation de la nouvelle loi. Arrêt du 23 août 1849, affaire Furet; G. T. 25. La cour d'assises d'Ille-et-Vilaine semble avoir jugé dans le même sens, en se déterminant par cette considération, qu'il avait été donné citation au prévenu et aux témoins, depuis la loi du 27 juillet 1849, pour faire valider l'opposition, et que, dès lors, l'affaire tombait sous l'application de la loi de 1849. Ce motif n'est pas juridique. Arrêt du 5 août 1849 (G. T. 11). Mais la cour suprême a adopté une autre jurisprudence : elle a jugé que, lorsque la déchéance avait été encourue avant la loi du 27 juillet 1849, cette loi n'avait pas relevé le prévenu d'une déchéance déjà accomplie. C. C. 21 septembre 1849, rejet de la cour d'assises de la Marne du 3 août 1849 (G. T. 22 septembre).

VI. — L'art. 19 de la loi de 1819 a fait naître une autre question qui, n'ayant pas, comme la précédente, un caractère transitoire, peut encore se représenter. Cet article a créé pour les prévenus, en matière de délits de la presse, la faculté de se faire représenter à l'audience par un fondé de pouvoir. Voyez mon tome 2, page 343 et suivantes, nos 1693 et suivants.

Sous l'empire de l'art. 25 de la loi de 1835, on décidait que, nonobstant le silence de cette loi, cette faculté continuait à exister. Voyez mon tome 2, page 347, n° 1696. Je ne connais pas d'arrêt qui ait eu à juger la question taxativement; mais telle était la pratique des tribunaux, et cela résulte implicitement de quelques arrêts. Cf., notamment l'arrêt de la cour d'assises de la Seine, du 26 octobre 1835, dans l'affaire du duc de Broglie contre les sieurs Sarrans et Latapi, et l'arrêt de rejet du 19 décembre 1835, indiqués dans mon tome 2, n° 1702, 1703, et note 1re de la page 353.

Mais on a jugé, dans ces derniers temps, que la loi de 1849 a entendu déroger à la loi de 1819, et priver désormais le prévenu de la faculté de se faire représenter à l'audience par un procureur fondé. On l'a jugé ainsi, quoique l'affaire eût pris naissance avant la loi du 27 juillet 1849, et quoiqu'il fût même intervenu, avant cette loi, un arrêt par défaut. S'agissant d'une loi de procédure, on a pensé qu'elle était applicable aux faits qui se produisent sous son empire. Le motif de ces décisions est tiré du dernier paragraphe de l'art. 17 de la loi de 1849, qui ne se trouvait pas dans la loi de 1835. Ce dernier paragraphe dit que si le *prévenu n'est pas présent* à l'audience où il doit être statué sur son opposition, le nouvel arrêt sera définitif. *Si le prévenu n'est pas présent* : on a conclu de là que le législateur de 1849 avait exigé sa présence en personne, car la loi de 1819 disait : *faute de comparaître par lui-même ou par un fondé de pouvoir.* Cour d'assises de la Côte-d'Or, 8 août 1849 (G. T. 30); cour d'assises de la Seine, 19 septembre 1849 (G. T. 20); même cour, 3 octobre 1849 (G. T. 5). Dans la première et la troisième espèce, il s'agissait d'une opposition à un arrêt par défaut, et on était dans la lettre judaïque du dernier paragraphe de l'art. 17 précité; mais, dans la deuxième espèce, l'affaire venait, pour la première fois, devant la cour d'assises.

VII. — En admettant que la loi de 1849 soit encore applicable, en ce qui concerne la comparution par procureur fondé, les tribunaux peuvent n'avoir aucun égard à un simple pouvoir sous signature privée, qui n'a été ni légalisé, ni enregistré, alors surtout que le prévenu est en fuite pour se soustraire à une condamnation antérieure. Cour d'assises de la Côte-d'Or, 8 août 1849 (G. T. 30). Cf. mon tome 2, nos 1700 et 1701.

VIII. — Les dispositions de l'art. 17 sont applicables, soit qu'on ait pris la voie de l'information préalable ou celle de la citation directe. Voyez mon tome 2, page 355 *in-fine*, et page 356.

18. Toute demande en renvoi, pour quelque cause que ce soit, tout incident sur la procédure suivie, devront être présentés avant l'appel et le tirage au sort des jurés, à peine de forclusion.

Cet article reproduit le quatrième paragraphe de l'article 25 de la loi du 9 septembre 1835. Toutefois, la loi nouvelle est plus explicite; elle s'applique non-seulement à *toute demande en renvoi*, quelle qu'en soit la cause, mais encore à *tout incident sur la procédure suivie.* La loi de 1835 était entendue dans le même sens; mais on a agi avec sagesse en le disant expressément dans la loi nouvelle. Voyez mon tome 2, pages 342, 343, 363, 364, 450 et 451. Voyez aussi ci-après sous l'art. 20, no II.

Cet article est applicable, soit qu'on ait pris la voie de la citation directe ou celle de l'information préalable. Voyez mon tome 2, pages 363 et 364.

19. Après l'appel et le tirage au sort des jurés, le prévenu, s'il a été présent à ces opérations, ne pourra plus faire défaut.

En conséquence, tout arrêt qui interviendra, soit

sur la forme, soit sur le fond, sera définitif, quand
bien même le prévenu se retirerait de l'audience et
refuserait de se défendre. Dans ce cas, il sera procédé avec le concours du jury, et comme si le prévenu
était présent.

L'idée de cette disposition est empruntée au cinquième et
dernier paragraphe de l'art. 25 de la loi de 1835; elle avait été
reproduite dans le projet de M. Marie, mais sans la déclaration
expresse que, dans ce cas, on procèderait avec le concours du
jury, comme si le prévenu était présent. Cette partie de l'article
avait été ajoutée par la commission nommée pour examiner le
projet de loi de M. Marie, qui y avait adhéré. Le projet présenté
en 1849 a reproduit cette explication. Tel était, à mon avis, le
sens du dernier paragraphe de l'art. 25 de la loi de 1835, car
j'avais eu soin de déclarer qu'après le tirage du jury l'instance
était liée contradictoirement, et que l'arrêt à rendre n'était pas
un arrêt par défaut. Tome 2, pages 341 et 342. Il s'ensuivait,
bien évidemment, qu'il devait être rendu avec l'assistance du
jury, puisque le jury était présent. Quoi qu'il en soit, la loi nouvelle a eu raison de le dire plus catégoriquement que ne l'avait
fait la loi précédente, et que je ne l'avais dit moi-même; elle a
surtout bien fait, s'il est vrai que le contraire ait eu lieu dans la
pratique.

20. Aucun pourvoi en cassation sur les arrêts qui
auront statué, soit sur les demandes en renvoi, soit
sur les incidents de procédure, ne pourra être formé
qu'après l'arrêt définitif, et en même temps que le
pourvoi contre cet arrêt, à peine de nullité.

I.—Reproduction de l'art. 26 de la loi du 9 septembre 1835, sauf
le dernier paragraphe dudit art. 26, qui n'a pas été maintenu,
quant à son texte; mais il est bien évident que les pourvois en
cassation formés avant l'arrêt définitif ne peuvent empêcher les
cours d'assises de statuer sur le fond. Le nouvel article le dit,
même plus énergiquement encore que le précédent, puisqu'il
déclare nuls les pourvois formés contrairement à la prohibition.
Il suit de là que la cour d'assises continue à fonctionner tout
comme si ces pourvois n'existaient point. Sur l'art. 26 de la loi de
1835, voyez mon tome 2, pages 342, 365, 366, 382, 484, à la
note, et 639.

II. — Cet article, qui fait partie d'une loi sur la presse, est inapplicable aux poursuites pour des délits électoraux, et notamment au délit d'outrage envers un membre du bureau d'un collége électoral dans l'exercice de ses fonctions, réprimé par l'art. 112 de la loi du 25 mars 1849. En conséquence, le pourvoi contre l'arrêt de la cour d'assises, qui admet la preuve par témoins de la vérité de l'imputation outrageante, est valable, quoiqu'il ait été formé avant l'arrêt définitif. L'art. 416 du Code d'intruction criminelle est également inapplicable, parce qu'il ne régit que les arrêts purement préparatoires et d'instruction, et non un arrêt interlocutoire qui préjuge le fond. C. C. 9 mars 1850; G. T. 10; D. 1850-1-139.

21. Le pourvoi en cassation devra être formé dans les vingt-quatre heures au greffe de la cour d'assises; vingt-quatre heures après, les pièces seront envoyées à la cour de cassation. Dans les dix jours qui suivront l'arrivée des pièces au greffe de la cour de cassation, l'affaire sera instruite et jugée d'urgence, toutes autres affaires cessantes.

I. — Cette disposition est toute nouvelle. Elle s'applique à toutes les condamnations, quel qu'ait été le mode de poursuite employé, citation directe ou information préalable. Le pourvoi doit toujours être formé dans les vingt-quatre heures. C. C. 27 avril 1850; G. T. 28.

II. — La cour d'assises est incompétente pour autoriser la mise en liberté provisoire du prévenu, condamné pour délit de presse, qui veut faire juger son pourvoi en cassation contre l'arrêt qui l'a condamné, sans se constituer prisonnier. Cour d'assises de Rouen, 26 juillet 1849 (G. T. 29). — Cette question était controversée; mais la cour de cassation vient de juger que, lorsque la session de la cour d'assises n'est pas close, le prévenu doit s'adresser à cette cour pour obtenir sa mise en liberté provisoire. Quand la session est terminée, la demande doit être portée devant la chambre d'accusation de la cour d'appel, alors même que la poursuite a été introduite devant la cour d'assises par citation directe. C. C. 3 août 1850; G. T. 4 et 15. La cour a statué par voie de règlement de juges. Il faut espérer que cet arrêt fixera désormais la jurisprudence sur ce point de droit, qui présentait d'ailleurs de sérieuses difficultés.

22. Si, au moment où le ministère public exerce son action, la session de la cour d'assises est terminée, et s'il ne doit pas s'en ouvrir d'autres à une époque rapprochée, il pourra être formé une cour d'assises extraordinaire par ordonnance motivée du premier président. Cette ordonnance prescrira le tirage au sort des jurés, conformément à la loi.

Les dispositions de l'art. 81 du décret du 6 juillet 1810 seront applicables aux cours d'assises extraordinaires formées en exécution du paragraphe précédent.

Cet article reproduit, mais en le modifiant, l'art. 27 de la loi de 1835. Le premier paragraphe de l'art. 27 donnait au premier président le pouvoir de désigner le conseiller qui devait présider la session extraordinaire. J'avais fait observer que c'était là une dérogation à l'art. 81 du décret du 6 juillet 1810, qui décide que le président de la dernière assise est, de droit, président de la session extraordinaire. Voyez mon tome 2, page 328, n° 1654. La nouvelle loi veut, au contraire, qu'on rentre dans les dispositions du décret de 1810. Le dernier paragraphe de l'art. 27 n'a pas été non plus reproduit. C'est la conséquence du rétablissement de l'art. 81 du décret précité.

Voyez, au surplus, sur les autres dispositions de l'art. 27, reproduites par la loi actuelle, mon tome 2, pages 326 à 330.

23. L'art. 463 du code pénal est applicable aux délits prévus par la présente loi.

Lorsqu'en matière de délits, le jury aura déclaré l'existence des circonstances atténuantes, la peine ne s'élèvera jamais au-dessus de la moitié du maximum déterminé par la loi.

I. — Cet article permet l'application de l'art. 463 aux délits *prévus par la présente loi. Quid*, pour les délits réprimés par les autres lois sur la presse? *Inclusio unius, exclusio alterius?* Mais il y a, dans l'art. 8 du décret du 11 août 1848, une disposition générale qui permet d'appliquer cet article 463 *aux délits de la presse.* Je crois donc que cette disposition générale doit prévaloir, à moins qu'on ne veuille prétendre que l'art. 23 a entendu modifier le décret de 1848, ce qui ne me semblerait pas admissible. Voyez ci-devant pages 56 et 57.

II. — La cour de cassation a jugé que l'art. 8 précité du décret de 1848 ne s'applique pas aux contraventions en matière d'imprimerie, notamment aux contraventions réprimées par la loi de 1814. C. C. 9 novembre 1849 ; G. T. 10 ; D. 1849, page 304. — *Sic*, Caën, 29 novembre 1849, en ce qui concerne particulièrement le dépôt prescrit par la loi de 1814. D. 1850-2-32.

III. — Les dispositions générales de l'art. 23 de la loi de 1849 s'étendent à toutes les infractions commises à ses dispositions, encore que les unes soient qualifiées délits par cette loi, et les autres contraventions. Le bénéfice des circonstances atténuantes peut être accordé à l'imprimeur qui a omis de faire au parquet le dépôt prescrit par l'art. 7 de la loi de 1849. C. C. 2 mars 1850, rejet de Montpellier, 21 janvier 1840 ; G. T. 3 mars. *Secùs*, Riom, 6 février 1850, à l'occasion d'une contravention à l'art. 6 de la loi de 1849, relative au colportage. G. T. 9 mars.

IV. — Aujourd'hui, lorsque le délit est de la compétence de la cour d'assises, les circonstances atténuantes doivent être déclarées par le jury ; c'est ce qui résulte expressément du deuxième paragraphe de l'article. Voyez aussi ce qui a été dit ci-devant, pages 38, 39 et 57.

V. — La question doit être posée au jury, même à l'égard des délits commis sous l'empire de la loi du 11 août 1848, lorsque, d'ailleurs, ces délits ont été jugés depuis la loi du 27 juillet 1849. C. C. 14 septembre 1849, cassation de la cour d'assises de la Creuse (G. T. 15).

VI. — A quelle majorité les circonstances atténuantes doivent-elles être déclarées par le jury ? A la simple majorité. Le décret du 8 octobre 1848 ne s'applique qu'à la culpabilité. Dans les affaires ordinaires, c'est toujours à la majorité simple que les circonstances atténuantes sont déclarées. Cf. comme analogie, ce que j'ai dit ci-dessus, pages 68 et 69, à l'occasion de l'art. 84 de la Constitution.

LOI DU 6-12 JUIN 1850,

Portant prorogation de la loi du 22 juin 1849, sur les clubs et autres réunions publiques.

L'assemblée nationale a adopté d'urgence la loi dont la teneur suit :

Art. 1er. La loi du 22 juin 1849, sur les clubs et autres réunions publiques, est prorogée jusqu'au 22 juin 1851.

Voyez ci-devant, pages 27 et suivantes. Je dois faire observer que la loi de 1849 est du 19-22 juin.

2. Les dispositions de cette loi sont applicables aux réunions électorales qui seraient de nature à compromettre la sécurité publique.

3. Il sera rendu compte à l'assemblée nationale, à l'expiration du délai fixé par l'art. 1er, de l'exécution qu'aura reçue la présente loi.

———

LOI DU 16-23 JUILLET 1850,

Sur le cautionnement des journaux et le timbre des écrits périodiques et non périodiques. (1)

TITRE PREMIER.
DU CAUTIONNEMENT.

L'assemblée nationale a adopté d'urgence la loi dont la teneur suit :

Art. 1er. Les propriétaires de journaux ou écrits périodiques politiques seront tenus de verser au trésor un cautionnement en numéraire dont l'intérêt sera payé au taux réglé pour les cautionnements.

Pour les départements de la Seine, de Seine-et-Oise, de Seine-et-Marne et du Rhône, le cautionnement des journaux est fixé comme suit :

---

(1) Le n° 289 du *Bulletin des Lois* ayant omis de publier la disposition de l'art. 22, il a été fait une nouvelle publication du texte rectifié de la loi dans le n° 291 du *Bulletin*. Il en résulte que la date de la promulgation, qui était du 19 juillet, d'après la première promulgation, est dans la réalité du 23.

Quant au titre de la loi, il est loin d'être exact, puisqu'il contient plusieurs dispositions étrangères au cautionnement et au timbre, notamment celles des art. 3, 4, 9, 10, 19. J'ai déjà eu l'occasion de faire des observations de cette nature à l'occasion du décret du 4 mars 1848, sur le timbre, et de la loi du 21 avril 1849 (voyez ci-devant page 8, à la note, et page 72, à la note). Cette dernière loi a donné lieu, dans sa publication, à une erreur qui a quelque analogie avec celle signalée ci-dessus (voyez page 75). Tout cela prouve que nous sommes loin d'être délivrés de cette anarchie intellectuelle qui nous travaille depuis le 24 février 1848, puisqu'il y a encore tant de désordre et de confusion dans la partie la plus simple et la plus facile du mécanisme législatif.

Si le journal ou écrit périodique paraît plus de trois fois par semaine, soit à jour fixe, soit par livraisons irrégulières, le cautionnement sera de vingt-quatre mille francs.

Le cautionnement sera de dix-huit mille francs si le journal ne paraît que trois fois par semaine ou à des intervalles plus éloignés.

Dans les villes de cinquante mille âmes et au-dessus, le cautionnement des journaux paraissant plus de cinq fois par semaine sera de six mille francs. Il sera de trois mille six cents francs dans les autres départements, et respectivement de la moitié de ces deux sommes pour les journaux et écrits périodiques paraissant cinq fois par semaine ou à des intervalles plus éloignés.

I. — Le projet du gouvernement, dans la rédaction textuelle du paragraphe 1er, semblait assujettir au cautionnement, d'une manière générale, les *propriétaires de journaux ou écrits périodiques*, sans distinction; la commission avait d'abord adopté cette rédaction, qui fut ensuite modifiée comme elle l'a été dans la loi définitivement adoptée, en ajoutant le mot *politique*, ce qui indique que la loi actuelle n'est applicable pour le cautionnement qu'aux journaux politiques.

M. Dabeaux avait proposé sur ce 1er paragraphe un amendement ainsi conçu : « Les propriétaires de journaux ou écrits périodiques, *autres que ceux mentionnés dans l'art. 3 de la loi du 18 juillet* 1828, seront tenus de verser au trésor un cautionnement en numéraire, dont l'intérêt sera payé au taux réglé pour les cautionnements. » Cet amendement avait pour objet d'exempter du cautionnement, comme ils l'étaient par l'art. 3 de la loi de 1828, les journaux politiques paraissant une fois par mois ou à des intervalles plus éloignés. Il a été combattu par le rapporteur de la commission, qui a déclaré que, dans sa pensée, ces journaux devaient être assujettis à cette mesure. L'amendement a été rejeté.

Le texte du 1er paragraphe a été adopté ensuite sans changement.

II. — Sur le paragraphe 4, M. Bouhier de l'Écluse avait proposé de fixer à 12,000 fr. le cautionnement des journaux paraissant trois fois par semaine, et à 8,000 fr. celui des journaux paraissant à des intervalles plus éloignés. L'amendement a été rejeté.

III. — Sur le paragraphe 5, M. Nettement a proposé de décider que le *taux du cautionnement des journaux publiés dans les autres départements était maintenu tel qu'il était actuellement*, ce qui n'a pas été adopté.

M. de la Rochette a proposé un amendement ainsi conçu :

« *Dans les villes* de 50,000 âmes et au-dessus, le cautionne-
« ment des journaux *quotidiens* sera de 6,000 fr. ; il sera de
« 3,600 fr. dans les villes au-dessous de 50,000 âmes, et respec-
« tivement de la moitié de ces deux sommes pour les journaux
« ou écrits périodiques qui ne paraissent pas tous les jours. »

Le projet portait : « *Dans les départements renfermant des*
« *villes de* 50,000 *âmes* et au-dessus, le cautionnement des jour-
« naux paraissant plus de *trois fois* par semaine sera de 6,000 fr.
« Il sera de 3,600 fr. dans les autres départements, et respective-
« ment de la moitié de ces deux sommes pour les journaux et
« écrits périodiques paraissant *trois fois* par semaine ou à des
« intervalles plus éloignés. ».

Par suite du renvoi de l'amendement de M. de la Rochette à la commission, le paragraphe a subi un changement de rédaction et a été adopté tel qu'il existe dans la loi.

On a substitué les mots : *dans les villes*, à ceux : *dans les départements renfermant des villes...*; au lieu d'exiger un cautionnement de 6,000 fr. ou de 3,600 fr. pour les journaux paraissant plus de *trois fois* par semaine, on a remplacé les mots *plus de trois fois*, par les mots *cinq fois*.

Quant à ces mots : *ou à des intervalles plus éloignés* qui terminent le paragraphe, M. Dupin les a expliqués ainsi : *c'est à dire : ou moins de cinq fois*. Le rapporteur, M. de Chasseloup-Laubat, a dit : « c'est à dire : *cinq fois* ou à des intervalles plus éloignés,
« même tous les mois. »

2. Il est accordé aux propriétaires des journaux ou écrits périodiques politiques actuellement existants un délai d'un mois, à compter de la promulgation de la présente loi, pour se conformer aux dispositions qui précèdent.

3. Tout article de discussion politique, philosophique ou religieuse, inséré dans un journal, devra être signé par son auteur, sous peine d'une amende

de cinq cents francs pour la première contravention, et de mille francs en cas de récidive.

Toute fausse signature sera punie d'une amende de mille francs et d'un emprisonnement de six mois, tant contre l'auteur de la fausse signature que contre l'auteur de l'article et l'éditeur responsable du journal.

I. — Cet article, qui a donné lieu, dans l'assemblée et dans la presse, à de longues et vives discussions, a modifié le caractère de la loi; à une mesure fiscale et préventive, il a superposé une disposition purement morale.

La pensée de cet article n'est pas nouvelle. On en trouverait des traces dans quelques lois de l'ancienne République, comme aussi dans la discussion de la loi de 1828; on la rencontre nettement formulée par M. Pascal Duprat et par M. Ledru-Rollin dans la dernière assemblée constituante, lors de la discussion du décret du 9 août 1848. A cette époque, cette mesure avait pour but de substituer la responsabilité individuelle à la responsabilité collective, en supprimant le cautionnement. Aujourd'hui le cautionnement est maintenu. La garantie collective et la garantie individuelle se trouvent réunies.

En 1850, MM. de Tinguy et de Laboulie l'ont présentée comme une nouveauté. Voici de quelle manière M. de Tinguy a expliqué son amendement :

« Je viens proposer un moyen qui me paraît tiré de l'ordre moral, et je crois qu'il aurait une influence considérable sur la dignité de l'écrivain. Ce moyen, le voici : C'est tout simplement de faire signer, par l'auteur, l'article qu'il a inséré dans un journal. Quelle est la puissance véritable de la mauvaise presse ? Quel est son danger ? C'est le prestige de l'anonyme pour la majeure partie des lecteurs. Un journal n'est pas l'œuvre de tel ou tel individu, c'est une œuvre collective, c'est une puissance mystérieuse, c'est le prestige de l'inconnu.

« Voilà la puissance de la presse, elle n'est que cela, et lorsqu'un article sera signé, il arrivera ceci : où le nom sera honorable, le nom d'un homme connu par l'élévation de ses sentiments, par la pureté de ses mœurs, par l'identité d'une ligne politique, l'article aura toute la valeur que cet homme porte en lui-même. S'il est signé par un homme déconsidéré ou même par un homme inconnu, l'article perd toute sa puissance, tout son charme, tout son prestige. Ainsi, vous aurez établi dans la presse la plus complète vérité : chacun répondra de son œuvre.

« Je dis que vous aurez dans la presse une complète vérité, et vous lui aurez rendu sa dignité. Voici comment : L'écrivain qui, aujourd'hui, se permet de jeter l'injure, l'outrage, l'insulte, soit aux individus, soit à la société, en s'abritant sous le manteau de l'anonyme, ou se cachant derrière le nom de son gérant, n'osera pas le faire, parce qu'il sera obligé de signer son article. Malgré lui, il sentira le besoin de se relever aux yeux de ceux pour qui il écrit.

« Quant à l'homme d'honneur, si, par malheur, il avait un jour la pensée de s'oublier jusqu'à écrire un article qui ne fût pas digne de son nom, de sa position, du rang qu'il occupe dans le monde et dans l'estime publique, il ne le fera pas, parce qu'il faudra qu'il signe…..

« On a produit des arguments contre mon système… Mais vous allez décapiter la puissance des journaux ; mais un journal, ce n'est pas un homme, c'est un parti ; vous le décapitez, vous lui ôtez son influence, vous allez l'individualiser… Mais c'est précisément ce que je veux dans un certain sens, et je prétends ceci : qu'un parti, quel qu'il soit, s'honore toujours du nom d'un homme honorable.

« La véritable raison, ce n'est pas cela ; je vais vous la dire. C'est qu'une signature serait extrêmement gênante dans l'état présent, aujourd'hui, pour les hommes qui, dans des journaux où ils se couvrent du nom de leurs gérants, viennent insulter cette assemblée. Elle serait très-gênante, très-embarrassante pour les hommes qui ont successivement encensé, flatté tous les pouvoirs ; pour ces hommes qu'on a vus successivement légitimistes, orléanistes, républicains, et qui maintenant sont bonapartistes ; ce serait très-gênant pour eux : voilà pourquoi ils ne le veulent pas, voilà pourquoi je veux que chacun signe ses œuvres….. » (Séance du 10 juillet 1850 ; *Moniteur* du 11.)

L'amendement de M. de Tinguy ayant été adopté, M. de Charencey, membre de la commission, présenta un paragraphe additionnel ainsi conçu : « La signature exigée par le paragraphe « précédent sera apposée sur l'original de l'article, dont la re- « présentation ne pourra être exigée par le ministère public que « dans le mois, à partir de la publication. » M. de Charencey déclara que l'unique but de ce paragraphe additionnel était « de limiter un délai au journal pour fournir la signature de chaque article, afin de le soustraire à toute mesure qui, arrivant tardivement, pourrait avoir un caractère fâcheux et inquisitorial. » (*Ibid.*) L'amendement semblait dire que la signature ne devait être apposée que sur la minute de l'article, sans que la publication fût obligatoire. C'était confisquer l'amendement de M. de Tinguy. La commission, à qui ce paragraphe additionnel fut

renvoyé, révéla complètement cette pensée, en proposant de
rédiger ainsi le paragraphe : « La signature sera apposée *seule-*
« *ment* sur l'original de l'article..... » MM. de Tinguy et de Laboulie s'élevèrent vivement contre cette proposition, qui dé-
naturait le vote précédent. « Ce que nous voulons, dit M. de
Laboulie, c'est la publicité des noms, la publicité des noms
devant le tribunal de l'opinion publique. Ce que nous voulons,
ce n'est pas une signature honteuse qui se cache au bas d'un
manuscrit et qui craint de paraître au grand jour de la publicité,
sur les exemplaires des journaux répandus par toute la France.
Ce que nous voulons, c'est que celui qui nous accuse fasse con-
naitre son nom, comme, lorsque nous accusons ici quelqu'un,
nous le faisons à visage découvert. Voilà ce que nous vous avons
demandé, voilà ce que vous nous avez accordé hier, le *Moniteur*
l'atteste... Eh bien! Messieurs, cet heureux adverbe (*seulement*)
change complètement le sens de l'article; il vous retire complètement ce que vous aviez voté hier... » (Séance du 11 juillet;
Moniteur du 12, 1er supplément.) Ce nouveau paragraphe fut
rejeté.

II.—Il suit de ce qui précède que la signature de l'auteur doit être
imprimée en toutes lettres au bas de chaque article; mais M. de
Girardin avait voulu restreindre cette disposition; il présenta en
conséquence un nouveau paragraphe additionnel ainsi conçu :
« La signature de l'auteur sera imprimée en toutes lettres au bas
« de chaque article, à moins que le journal ou l'écrit périodi-
« que ne renferme dans son titre l'indication que telle initiale
« est l'abréviation d'une signature ou en tiendra lieu. » M. de
Girardin retira ce paragraphe additionnel. Voyez le no III ci-
après.

III. — Dans les premiers jours de la promulgation de la loi,
il y a eu dans les journaux des applications diverses de cet article au sujet de l'apposition de la signature. L'autorité a voulu
ramener tous les journaux à une application uniforme de la
loi. Voici les observations qui ont été publiées à cet égard
dans le *Moniteur* du 25 septembre 1850 :

« Les dispositions de la loi du 16-23 juillet 1850 sont diversement inter-
prétées par les journaux. Les uns mettent au bas d'un premier article
la signature de l'auteur, et se dispensent de la mettre au bas des articles
suivants. Les autres indiquent en tête de la première colonne les
noms et les initiales de leurs principaux rédacteurs, et se contentent
de mettre les initiales au bas de chaque article. D'autres enfin placent
au bas des articles une signature précédée de ces mots : *Pour le comité
de rédaction.*

Aucun de ces modes d'exécution ne satisfait aux prescriptions des
art. 3 et 4 de la loi précitée, dont il est bon de rappeler les termes:

« Art. 3. *Tout article* de discussion politique, philosophique ou religieuse, inséré dans un journal, *devra être signé par son auteur*...

« Art. 4. Les dispositions de l'article précédent seront applicables à tous les articles, quelle que soit leur étendue, publiés dans les feuilles politiques ou non politiques, dans lesquels seront discutés des actes ou opinions des citoyens, et des intérêts individuels ou collectifs. »

L'exécution de la loi doit être sérieuse, complète, uniforme.

En se servant des termes : *tout article*, le législateur n'a pas entendu dire qu'on signerait le premier article et qu'on se dispenserait de signer les suivans.

En se servant des termes : *devra être signé*, il a exigé une signature au bas de l'article et non des initiales dont il faut chercher la traduction dans une autre partie du journal.

Enfin, en se servant des termes : *par son auteur*, il a voulu imposer à l'auteur ou aux auteurs l'obligation de se faire connaître et de répondre individuellement de leur œuvre ; il n'a pas pu entendre que cette individualité pût disparaître derrière la signature de l'éditeur responsable ou du fondé de pouvoirs d'un comité de rédaction.

Toute marche qui persisterait à s'écarter de cette interprétation exposerait à des poursuites les journaux qui la suivraient. »

IV. — La disposition de l'article 3 est-elle générale ? S'applique-t-elle à toute discussion politique, philosophique ou religieuse insérée dans un journal, quel qu'il soit, politique ou non politique ? L'article 3, dans son texte judaïque, ne distingue pas ; mais l'article 4 s'explique catégoriquement sur ce point, il parle des journaux politiques ou non politiques ; et il semble dès-lors qu'on peut appliquer à l'article 3, à l'occasion de l'article 4, la maxime *Qui dicit de uno, negat de altero.*

Je crois cependant que la disposition de l'article 3 s'applique à tout article de discussion politique, philosophique ou religieuse, inséré dans un journal quel qu'il soit. Là où la loi ne distingue pas, la justice ne doit pas distinguer non plus.

V. — Il ne faut pas oublier que c'est à des articles de discussion que la loi est applicable. « Je ne parle pas, a dit M. de Tinguy, des petites nouvelles, des petits entrefilets, alors même qu'on dirait du mal de vous, de moi, de telle ou telle personne dans la république. Ce que je veux, c'est qu'en général, en somme, en bloc, les articles aient leur responsabilité, de manière à détruire le faux prestige de l'anonyme. » (Séance du 10 juillet ; *Moniteur* du 11.)

VI. — Comment distinguer les articles auxquels la loi s'applique, de ceux qui n'ont pas besoin d'être signés ? M. de Tinguy a dit, avec raison, que « de même qu'on réussit parfaitement à savoir quels sont les journaux qui sont politiques de ceux qui ne le sont pas, je dis que, dans la pratique, on réussira parfaitement, également, à savoir quels sont les articles politiques qui devront

être signés, et ceux qui ne sont pas politiques et que l'obligation de la signature ne devra pas atteindre. » (*Ibid.*) Sur le sens
des mots *matières politiques*, voyez ci-devant, page 101.

Cette explication est relative uniquement aux discussions politiques. Mais l'article 3 concerne aussi les discussions philosophiques ou religieuses. Les tribunaux auront à apprécier si
l'article non signé constitue une discussion philosophique ou
religieuse.

VI *bis.* — Le tribunal correctionnel de la Seine vient de faire la
première application de cet article. Ce tribunal a jugé qu'une
lettre qui se borne à un simple narré de faits, sans être accom-
pagnée d'aucune discussion de la nature prévue par l'art. 3 précité, n'a pas besoin d'être signée par son auteur et par le rédacteur
ou le gérant du journal. Jugement du 18 octobre 1850; affaire de
l'*Univers*; G. T. 19.

Le même jugement décide, en outre, que lorsque le journaliste, au lieu de reproduire textuellement une lettre contenant
une discussion de la nature énoncée dans l'art. 3, se borne à
donner une analyse de cette lettre, ce résumé analytique devient
l'œuvre du rédacteur lui-même, qui, dans ce cas, doit y apposer
sa signature, puisque l'article contient une discussion politique,
philosophique ou religieuse. Le jugement porte, d'ailleurs, dans
l'espèce, que le rédacteur ayant signé ce résumé, avait satisfait
dès lors à la loi. *Ibid.*

Ces deux décisions me paraissent bien rendues.

VII. — *Quid*, si le gérant du journal ou le rédacteur en chef
signe tous les articles? C'est là une des nombreuses objections
qui ont été faites contre la disposition dont il s'agit. M. de Tinguy y a répondu. Il a dit : « On ajoute ceci : le gérant signera
chaque article, et ainsi on échappera à votre article de loi, à
l'obligation qu'il impose. Pas le moins du monde, et voici pourquoi : c'est que le gérant signe comme gérant, et qu'il ne peut
pas signer comme auteur. Voilà ma réponse, elle est très-
simple : Si le gérant signe comme auteur de l'article, on dira :
Vous mentez; on le prouvera. Si on ne le prouve pas, il arrivera,
comme dans tous les délits du monde, que l'on acquittera. »
(Séance du 10; *Moniteur* du 11.)

M. Victor Lefranc a répondu : « Le gérant peut être auteur et
signer.

M. de Tinguy : Il peut être auteur, oui; s'il l'est, il se trouvera dire vrai; s'il ne l'est pas, il mentira... On me dit que le
gérant signera. Je réponds qu'il ne signera pas comme auteur,
et s'il signe comme auteur, il s'expose à ce qu'on le poursuive et

qu'on le condamne comme faux signataire. On me dit que ce sera difficile; ce sera difficile, sans doute, mais on ne condamne que les délits constatés. Les signatures fausses que l'on constatera, on les punira comme telles; celles qu'on ne constatera pas, on ne les punira pas. On ne punit que les délits que l'on constate, et malheureusement il y a une foule de délits qui échappent à la justice. On a parfaitement réussi à découvrir la fraude de certains journaux qui, en se disant mensuels, réussissaient à paraître chaque jour en mettant un nom nouveau à chaque numéro; pourtant cette fraude ne manquait pas d'habileté; cependant on a réussi à la découvrir. On réussira de même à découvrir les hommes qui auraient signé des articles qui ne seraient pas d'eux. On ne les aura pas tous, mais on en aura quelques-uns, et la pénalité effrayera ceux qui voudraient les imiter. Je ne demande pas autre chose et je n'insiste pas davantage. » (*Ibid.*)

Ce qui a été dit pour le gérant qui signera les articles, s'appliqué au rédacteur en chef. Si c'est lui qui signe chaque article, on pourra contester la véracité de la signature. Si on prouve qu'il n'est pas l'auteur de l'article, et la preuve sera difficile à rapporter, il sera puni; si l'infraction n'est pas constatée, on l'acquittera. Voyez le numéro suivant.

VIII. — On a fait une autre objection, à laquelle il n'a pas été répondu. On a dit : « Lorsque, dans un article qu'un auteur aura remis à un journal, le rédacteur en chef aura ajouté une épithète, ou retranché une phrase, la portée politique de cet article pourra devenir, à l'instant même, toute autre. Une épithète, le retranchement d'une phrase, auront suffi, cela est évident, pour changer la pensée même, peut-être, de l'auteur.

« Dans ce cas, si la signature doit être publiée, quelle serait-elle? Serait-ce celle de l'auteur primitif de l'article, ou bien serait-ce celle du rédacteur en chef? Si c'est celle du rédacteur en chef, vous n'avez rien fait; si c'est celle, au contraire, de l'auteur, il pourra vous dire, lorsqu'il sera poursuivi, qu'en définitive le délit n'est pas de son fait... » (Discours de M. de Chasseloup-Laubat, rapporteur; séance du 11; *Moniteur* du 12, 1er suppl.)

Il ne s'agit pas ici du fond de l'article, comme le supposent les dernières paroles de M. de Chasseloup-Laubat, mais de la signature. Quelle est, dans l'hypothèse dont il s'agit, celle qui devra être apposée? Si on met celle de l'auteur de l'article, corrigé par le rédacteur en chef ou le gérant, la signature ne sera donc pas vraie? Si on met celle du rédacteur en chef ou du gérant, auteur de la correction, par addition ou par suppression, la signa-

ture sera donc fausse ? Faudra-t-il mettre les deux signatures ?
Mais l'auteur, s'il est consulté, peut ne pas consentir à laisser mettre
son nom au bas d'un article dont la pensée primitive n'aura pas
été respectée. Il y a là une grave, une véritable difficulté. Il est
regrettable que les débats législatifs n'aient pas indiqué une solution. Il est probable qu'en pareille occurrence les tribunaux
n'oseront prononcer une condamnation ; car si la signature
unique n'est pas entièrement vraie, on ne pourra pas dire qu'elle
soit fausse ou frauduleuse ; et c'est la fausseté seule, la fraude
qui est punissable. Les tribunaux auront à apprécier les changements introduits par le gérant qui aura signé. S'ils sont de nature à influer sur le sens de l'article, il se le sera réellement approprié, et la contravention n'existera point. Si, au contraire,
le changement n'a été fait que pour servir de prétexte au gérant
d'apposer sa signature, cette signature sera frauduleuse, et il
sera possible qu'il intervienne une condamnation.

M. Duvergier prévoit une hypothèse identique. Lorsqu'un article est soumis à un nouvel examen, à une sorte de révision, et
que celui qui est chargé de cette révision, retranche, ajoute,
modifie, il se demande quel est le véritable auteur ? « Celui de
« qui émane le premier jet, ou celui qui a émondé, rectifié,
« augmenté et corrigé ? *Les circonstances*, dit-il, *auront une*
« *grande influence sur la solution ;* mais, en général, c'est la si-
« gnature de l'auteur de la première rédaction qui devra, je le
« crois, être apposée à l'article. » (*Collection des lois et ordonnances*, 1850, page 316, note 3.) Cette solution, on le voit, est conforme à celle que j'avais donnée et qui était déjà imprimée avant
de connaître l'opinion de M. Duvergier.

VIII *bis*. — M. Duvergier s'est demandé encore qui doit être
considéré comme auteur ? « Celui qui écrit, qui rédige l'article,
« ou celui qui l'inspire, qui en donne l'idée capitale ou les élé-
« ments principaux, quelquefois même les termes ? Je pense,
« dit-il, que c'est au rédacteur que l'obligation de signer est im-
« posée. Les tribunaux ne peuvent scruter dans un article ce qui
« appartient à chacun de ceux qui ont concouru à en formuler
« les pensées et même les expressions ; ils doivent s'attacher à
« ce fait décisif et manifeste, que telle personne a pris la plume
« et a rédigé. » (*Loco citato.*) Je partage entièrement cette opinion, que je n'ai fait qu'indiquer dans le numéro IX ci-après,
avant de connaître le sentiment de M. Duvergier, qui est formulé
avec une grande netteté.

VIII *ter*. — *Quid*, lorsqu'un article paraît sans signature ? qui
est responsable de l'amende ? C'est sans contredit le gérant ou

l'éditeur responsable, à moins qu'il ne parvienne à prouver que le fait est indépendant de sa volonté ; par exemple, si c'est l'effet d'un accident typographique. Mais si le défaut de signature est le fait du gérant, l'auteur de l'article pourra-t-il être aussi poursuivi et puni comme complice, pour n'avoir pas signé l'article inséré ? L'affirmative paraît rigoureuse à M. Duvergier ; mais il lui semble que les principes du droit criminel conduisent à ce résultat. (*Loc. cit.*, note 2.) Je n'admets pas cette solution absolue. Il en devra être ainsi, sans doute, s'il est prouvé que l'auteur de l'article s'est entendu avec le gérant pour que l'article parût sans signature. Mais l'article peut avoir été signé par l'auteur, et la signature supprimée ou bien omise sciemment par le gérant. Pourquoi l'auteur sera-t-il passible d'une amende pour un fait qui lui est étranger ? L'auteur, après avoir rédigé l'article, peut avoir refusé de le signer ; c'est là, de sa part, une défense de publication. Il peut aussi n'avoir voulu donner que des renseignements, une simple note. Si le gérant insère l'article, contre la volonté de l'auteur, ou s'il publie une simple note, comme si c'était un article, sans mettre aucune signature, l'auteur ne doit pas être responsable. En un mot, lorsque la loi a voulu rendre *l'auteur* responsable de la contravention, elle l'a dit ; c'est ce qu'elle a fait dans le deuxième paragraphe de l'article 3 sur la fausse signature, parce qu'on suppose que l'auteur est de connivence avec le gérant. Mais lorsque la contravention consiste dans l'absence de la signature, le premier paragraphe ne rend pas taxativement l'auteur de l'article responsable de cette omission. C'est donc au ministère public, qui prétend que l'auteur a participé à cette omission, à le prouver. La complicité ne résulte pas de plein droit contre lui de l'absence de la signature.

IX. — En cas de fausse signature, dûment constatée, quel est celui qui sera passible des peines édictées par la loi ? M. de Laboulie a dit, lors de la discussion, que la peine devait « frapper à la fois l'auteur de l'article qui n'ose pas signer, le faussaire qui signe à sa place, le gérant responsable qui le souffre ou le directeur du journal qui en est le complice. » (Séance du 10 ; *Moniteur* du 11 ; 1er suppl.). C'est, en effet, ce que dit le deuxième paragraphe de l'art. 3, en ce qui concerne 1° l'auteur de la fausse signature, 2° l'auteur de l'article et 3° le gérant, que la nouvelle loi appelle bien incorrectement *l'éditeur responsable du journal.*

Que la peine frappe celui qui a faussement apposé sa signature, pas de difficulté ; qu'elle atteigne en outre le gérant du journal, je le comprends ; c'est lui qui publie ; il s'associe à l'infraction, il la commet conjointement avec l'auteur de la fausse signature, s'il sait que la signature n'est pas sincère. Mais j'hésiterais à comprendre dans une condamnation l'auteur de l'article, qui a pù croire ne rédiger que de simples notes destinées à l'appréciation du gérant ou du rédacteur en chef (Voyez les nos VIII *bis* et *ter* ci-dessus). D'ailleurs, où est l'infraction? Elle n'est pas dans l'article, mais dans la signature qui est fausse. Cette signature, on le suppose, n'est pas le fait de l'auteur de l'article; il a pu même être étranger à l'apposition de cette fausse signature, mise à son insu, sans sa participation. Quant à la publication de la signature, elle n'est pas son fait non plus; ces deux faits appartiennent au signataire et au gérant du journal; eux seuls doivent être punis. Il en est autrement lorsqu'il s'agit du fond même de l'article; l'auteur qui l'a rédigé pour être publié, peut être poursuivi avec le gérant qui l'a publié, parce que le délit est dans l'article même et dans sa publication. Il me semble donc que la loi irait trop loin si elle voulait, d'une manière absolue, que, dans tous les cas, la peine dût frapper l'auteur de l'article qui n'aura pas signé, qui même n'aura pas voulu signer. Ce serait là un délit par abstention. De pareils faits, pour constituer un délit, doivent être formellement déclarés tels par la loi. Il en sera autrement si l'auteur de l'article s'est entendu avec le signataire ou le gérant pour obtenir une fausse signature. Il y aura alors complicité, et ce fait tout positif sera punissable. C'est là probablement ce qu'a voulu dire la loi et ce qu'a dû entendre M. de Laboulie. Quant à la responsabilité du gérant, voyez le numéro suivant.

X. — On vient de voir que le gérant peut être poursuivi. Le gérant continue donc à exister dans l'entreprise, à côté des auteurs des articles. L'objection a été faite; voici comment il y a été répondu par M. de Tinguy :

« On nous dit : Mais, dans votre système, le gérant ne sert plus à rien, il n'a plus aucune espèce d'utilité. C'est encore une objection; permettez-moi d'y répondre en deux mots.

« Comment! le gérant n'aura pas d'utilité! Il en aura encore une très-grande, une très-considérable. Est-ce qu'un journal n'a pas une administration? Est-ce qu'un journal ne peut pas être assigné? Est-ce qu'un journal ne peut pas être condamné à l'amende? Eh bien! messieurs, pour toutes ces choses, pour l'assignation, pour l'amende, il faut nécessairement qu'on s'adresse à quelqu'un qui représente le personnage moral, le personnage collectif du journal, et l'on s'adressera au gérant; et quand une amende aura été prononcée, le gérant payera l'amende sur le capital social du journal, ce qui n'empêchera pas l'auteur lui-même d'être soumis à une pénalité, et à une pénalité bien plus grave, le mépris public, qui sera le châtiment d'un article honteux, d'un article criminel... » (Séance du 10; *Moniteur* du 11.)

Ainsi, l'auteur de la fausse signature et le gérant seront poursuivis ensemble. Si le gérant a su que la signature était fausse, il pourra être puni comme le signataire lui-même, et passible de l'amende et de la prison ; s'il a ignoré que la signature fût fausse, s'il a dû croire à sa sincérité, le signataire seul sera puni, sauf la complicité de l'auteur de l'article, s'il y a lieu ; mais l'amende sera recouvrable sur le journal.

XI. — Si l'article est criminel, s'il contient en lui-même un délit, l'auteur de l'article non signé de lui, qui l'aura livré pour être publié, pourra être mis en cause, comme par le passé ; à côté de lui se placeront le gérant et l'auteur de la fausse signature ; pour répondre tout à la fois, s'il y a lieu, de la contravention, lorsqu'elle ne sera pas poursuivie séparément, et du fond même de l'article; car le signataire sera toujours présumé complice du délit contenu dans l'article lui-même qu'il aura signé.

XII. — On a demandé comment on parviendrait à découvrir et à prouver la fausseté de la signature mise au bas d'un article ? La commission avait proposé que la minute dûment signée restât déposée pendant un mois, dans les bureaux du journal. Cet amendement a été repoussé.

« Ne pouvez-vous pas craindre, a dit M. Canet, en établissant ce nouveau délit, de donner à l'arbitraire contre la presse ce moyen de plus ? Par exemple, un article paraîtra avec une signature ; le ministère public croira devoir la contester ; immédiatement, il se transportera dans les bureaux du journal, et il opérera des saisies. N'y a-t-il pas là possibilité d'ouvrir une porte à l'arbitraire, et par conséquent de compromettre les intérêts de la presse ? C'est une question que je pose ; résolvez-la. Si vous pouvez la résoudre, j'admettrai complètement le système de M. de Tinguy. » (Séance du 10 ; *Moniteur* du 11 ; 1er suppl.)

M. Heurtier, membre de la commission, qui, on le sait, combattait l'article proposé par M. de Tinguy, a fait la même objection ; il a dit : « Comment fera la justice quand un gérant de journal aura déclaré s'approprier tel ou tel article de son journal, lorsqu'il l'aura fait sien par l'apposition de sa signature? Quel est le moyen de contrôle? Quel est le moyen de découvrir la fraude que, par votre loi, vous déférez à la justice ? » (*Ibid.*)

M. de Tinguy et M. de Laboulie avaient déjà reconnu que la preuve était difficile. M. de Tinguy répondit : « Je ne sache pas qu'on ait jamais imposé à la justice tel ou tel moyen d'expérimentation, d'expertise, de recherche, pour découvrir tel ou tel délit. Vouloir imposer d'avance les procédés par lesquels on découvrira tel ou tel délit, ce serait complètement impossible ; quand on les découvrira, ils seront poursuivis ; quand on ne les découvrira pas, ils ne seront pas poursuivis. C'est clair comme le jour. » (*Ibid.*) On aurait pu répondre encore que la preuve serait faite par tous les moyens que le droit commun met à la disposition de la justice, par des visites domiciliaires et des saisies, opérées sur l'ordre du juge d'instruction, par des comparaisons d'écriture, par les dépositions des témoins, par l'interrogatoire des prévenus, etc. Si la preuve n'est pas faite, il y aura acquittement.

XIII.— L'article 3 contient deux dispositions bien distinctes. La première punit d'une amende le défaut de signature ; la deuxième punit de l'amende et de la prison la fausse signature. M. de Laboulie avait proposé que le défaut de signature fût puni des mêmes peines que celles portées pour le défaut de signature du gérant.

Le rapporteur de la commission fit observer qu'il y avait déjà une pénalité dans l'article, tel qu'il avait été adopté. Le président de l'assemblée, M. Dupin, dit que M. de Laboulie demandait une nouvelle pénalité, et il l'invita à expliquer son amendement. M. de Laboulie le retira. (Séance du 12 juillet ; *Moniteur* du 13.)

XIV. — M. Canet demanda si la fausse déclaration, la fausse signature serait soumise à la juridiction du pays, au jury ou à la police correctionnelle ? M. Coquerel répondit que c'était un délit de presse, et que le jury serait compétent. M. de Tinguy ajouta : « Du moment que le jury est l'appréciateur des délits de presse, je ne vois pas pourquoi ce délit lui serait soustrait, et je demande qu'il lui soit renvoyé. »

A gauche : Très-bien !

Voix diverses : Ce n'est pas possible.

M. Canet : Il faut le dire dans la loi.

M. Sainte-Beuve : C'est tout à fait impossible.

M. Heurtier (membre de la commission) :..... Maintenant, à supposer que l'amendement de M. de Tinguy soit accueilli, il est évident que, s'agissant ici, non pas d'un délit de presse, mais d'une simple contravention, les tribunaux correctionnels seront seuls compétents. (Réclamations à gauche.)

Voix diverses : C'est évident.

M. Heurtier : C'est une affaire de police correctionnelle.

M. de la Rochejaquelein : Messieurs, M. Heurtier vient de dire tout à l'heure que les contraventions ne seraient pas portées devant le jury. Il se trompe ; puisque l'amendement de M. de Tinguy vient de qualifier de faux la contravention.

« *Au banc de la commission* : Ce n'est pas un faux, aux termes de la loi.

« *M. de la Rochejaquelein* : Il est évident que ce sera au jury à en connaître. Mais je ne monte pas à la tribune pour discuter quelle serait la compétence que l'on devrait invoquer ; j'y monte seulement pour déclarer... » (Séance du 10 ; *Moniteur* du 11 ; 1er suppl.)

Cette discussion confuse ne fut suivie d'aucun vote.

Le lendemain, le rapporteur de la commission, en s'expliquant sur le paragraphe additionnel à l'article 3, proposé par M. de Charencey, disait : « Du moment où l'autorité croira que la signature apposée au bas de l'article n'est pas celle du véritable auteur, elle aurait le droit, je dirai plus, elle aurait le devoir de poursuivre *cette contravention, de la poursuivre devant la juridiction qui punit les contraventions ; ne l'oubliez pas. Cela est considérable et excessif, messieurs.* » (Séance du 11 ; *Moniteur* du 12 ; 1er suppl.)

Le rapporteur avait raison. Il s'agit bien d'une contravention, et non d'un délit proprement dit. Il ne s'agit pas d'un faux légal, mais d'une signature fausse, c'est à dire frauduleuse. Il en est de ce cas, comme de la fausse déclaration dont parle l'article 11 de la loi du 18 juillet 1828, qui constitue une simple contravention justiciable de la police correctionnelle. Seulement la loi de 1828, par l'addition du mot *frauduleuse* ajouté au mot *fausse*, a parfaitement expliqué le sens de cette dernière expression. Mais il est évident que ce que la loi de 1850 a entendu réprimer, ce n'est pas un faux, aux termes de la loi, comme l'a dit la commission, mais une simple fraude, dont la répression n'exige pas l'intervention du jury.

Quant au défaut de signature, l'article donne à l'infraction le nom de *contravention*. Il y a moins de difficultés encore que pour ce qui concerne la fausse signature.

Il est vrai que la loi ne dit pas que les deux infractions qu'elle prévoit sont justiciables des tribunaux correctionnels. Il eut été à désirer qu'elle l'eût dit. Mais, franchement, pour les juristes, cette déclaration n'était pas nécessaire ; car il est de principe et de jurisprudence que, dans le silence de la loi, la juridiction se détermine par la nature de l'infraction. Or, comme dans les deux cas prévus par l'article 3, l'infraction est une *contravention*, il s'ensuit que le tribunal correctionnel est seul compétent. J'ai enseigné ces principes quand j'avais l'honneur d'appartenir à la magistrature ; je ne les démentirai pas aujourd'hui, parce que le caprice d'une révolution m'a fait rentrer au barreau. *Magis amica veritas.* (Voyez mon tome 1er, pages 499 et suivantes, et mon tome 2e, pages 190 et 191.)

Tout le commentaire ci-dessus, concernant l'article 3, était imprimé lorsque la question relative à la compétence a été portée devant le tribunal correctionnel de Paris, qui, malgré les efforts tentés par mon honorable confrère, Me Paillard de Villeneuve, dans une savante consultation, a rejeté le déclinatoire et reconnu sa compétence. J'adhère sans hésiter à cette solution, qui était déjà la mienne. Tribunal correctionnel de la Seine, 9 octobre 1850; G. T. 10. Voyez la consultation de Me Paillard de Villeneuve, dans le numéro du 8; mais voyez aussi l'opinion contraire de M. Duvergier. (*Collection des lois et ordonnances*, 1850, page 316, note 3.) Depuis ce jugement, Me Paillard de Villeneuve a persisté dans son opinion et je persiste dans la mienne. Voyez *Gazette des Tribunaux*, 16 octobre 1850. La cour de Paris vient de confirmer le jugement ci-dessus. Arrêt du 9 novembre 1850; G. T. 10 et 13.

4. Les dispositions de l'article précédent seront applicables à tous les articles, quelle que soit leur étendue, publiés dans des feuilles politiques ou non politiques, dans lesquels seront discutés des actes ou opinions des citoyens, et des intérêts individuels ou collectifs.

Cet article a été introduit par M. Casimir Périer, qui l'a présenté comme la conséquence logique, nécessaire, de l'article précédent. Mais il n'était pas, originairement, tout à fait conçu dans les termes ci-dessus. La proposition de M. Casimir Périer était d'abord ainsi formulée : « Les dispositions précédentes se-
« ront applicables à tous les articles, quelle que soit leur éten-
« due, dans lesquels seront attaqués les individus, discutés les
« intérêts privés ou ceux d'entreprises industrielles et commer-
« ciales fondées ou à fonder par des particuliers ou des compa-
« gnies. » (Séance du 11 ; *Moniteur* du 12, 2e suppl.) Renvoyée à la commission, cette proposition est devenue l'art. 4, qui a paru à la commission rendre mieux la pensée de M. Casimir Périer. Celui-ci a demandé alors qu'on ajoutât à sa rédaction et à celle de la commission que la disposition s'appliquait à toutes les feuilles politiques ou non politiques, ce qui a eu lieu. (Séance du 12 juillet, *Moniteur* du 13.)

5. Lorsque le gérant d'un journal ou écrit périodique paraissant dans les départements autres que ceux de la Seine, de Seine-et-Oise, de Seine-et-Marne et du Rhône, aura été renvoyé devant la cour d'assises

par un arrêt de mise en accusation pour crime ou délit de presse, si un nouvel arrêt de mise en accusation intervient contre les gérants de la même publication avant la décision définitive de la cour d'assises, une somme égale à la moitié du maximum des amendes édictées par la loi, pour le fait nouvellement incriminé, devra être consignée dans les trois jours de la notification de chaque arrêt, et nonobstant tout pourvoi en cassation.

En aucun cas, le montant des consignations ne pourra dépasser un chiffre égal à celui du cautionnement.

I. — Cet article était le troisième dans le projet de la commission. Ce projet ne contenait pas l'exception relative aux quatre départements qui y sont énumérés ; il ne contenait pas non plus le deuxième paragraphe. La commission a fait ces additions par suite d'un amendement présenté par M. Nettement. Mais cet amendement voulait, en outre, pour que la consignation supplétive et provisoire eût lieu, que la *publication eût, dans l'année ou dans l'année précédente, subi une condamnation devant le jury.* Cette disposition a été rejetée. (Séances des 10, 11 et 12; *Moniteur* des 11, 12 et 13.)

La disposition adoptée a pour motif, dans les départements autres que les quatre dénommés ci-dessus, l'insuffisance des cautionnements, et, par suite, l'impuissance de la justice à faire exécuter les condamnations judiciaires. Il s'agit, non d'une peine, mais d'un cautionnement supplétif.

II. — Il a été bien entendu et expliqué, par la commission, que « quel que fût le nombre des délits, jamais le montant des consignations accumulées ne pourrait dépasser l'importance même du cautionnement; en sorte que jamais un journal ne peut être tenu à verser une somme plus forte que le double de son cautionnement. » (Discours de M. de Charencey, membre de la commission; séance du 11, *Moniteur* du 12, 2e suppl.)

III. — Sur le deuxième paragraphe de l'article, on avait proposé un amendement ainsi conçu : « La somme à consigner *pour* « *chaque fait nouvellement incriminé* ne dépassera jamais la « moitié du cautionnement. » Cet amendement, qui, contrairement à la pensée de son auteur, à qui on en a fait l'observation, était plutôt une aggravation qu'un adoucissement, a été rejeté. (Séance du 12; *Moniteur* du 13, 1er suppl.)

IV. — Le président de l'assemblée, M. Dupin, avait demandé, avant de mettre l'article aux voix, si la commission ne voulait pas ajouter le mot *politique* aux mots *journal ou écrit périodique*. Le rapporteur répondit que c'était inutile, parce que ce mot était en tête du projet, dans l'article 1er, sans doute. (Séance du 11; *Moniteur* du 12, 2e suppl.) On aurait pu répondre qu'en disant que le montant des consignations ne pourrait dépasser le chiffre du cautionnement, l'article indiquait suffisamment qu'il ne s'agissait que des journaux politiques.

6. Dans les trois jours de tout arrêt de condamnation pour crime ou délit de presse, le gérant du journal devra acquitter le montant des condamnations qu'il aura encourues.

En cas de pourvoi en cassation, le montant des condamnations sera consigné dans le même délai.

Conforme au projet de la commission.
On a attaqué le deuxième paragraphe comme contraire à ce principe du droit criminel que le pourvoi en cassation est suspensif. M. Béchard et M. Rouher, garde des sceaux, ont répondu que la consignation exigée était la mise en état pour l'amende, et qu'on se conformait à cet égard au droit existant, qui veut la mise en état pour la personne, c'est à dire l'incarcération avant le jugement du pourvoi par la cour de cassation. (Séance du 10 juillet; *Moniteur* du 11, 1er suppl.)

7. La consignation ou le payement prescrit par les articles précédents sera constaté par une quittance délivrée en duplicata par le receveur des domaines.

Cette quittance sera, le quatrième jour au plus tard, soit de l'arrêt rendu par la cour d'assises, soit de la notification de l'arrêt de la chambre des mises en accusation, remise au procureur de la république, qui en donnera récépissé.

8. Faute par le gérant d'avoir remis la quittance dans les délais ci-dessus fixés, le journal cessera de

paraître, sous les peines portées contre tout journal publié sans cautionnement.

9. Les peines pécuniaires prononcées pour crimes et délits par les lois sur la presse et autres moyens de publication, ne se confondront pas entre elles, et seront toutes intégralement subies, lorsque les faits qui y donneront lieu seront postérieurs à la première poursuite.

Cet article est une dérogation à l'art. 365 du Code d'instruction criminelle; il est aussi un retour au principe contraire à ce code, édicté dans l'art. 12 de la loi du 9 septembre 1835. Seulement, la cumulation ne s'applique aujourd'hui qu'aux *peines pécuniaires*, tandis que, dans la loi de 1835, elle s'appliquait à toutes les peines. Comme cette dernière loi, la loi actuelle n'est applicable que lorsque les faits qui y donneront lieu seront postérieurs à la première poursuite. « Si, à propos d'une première poursuite, a dit M. Rouher, ministre de la justice, plusieurs articles sont incriminés, plusieurs délits sont reconnus, il est de toute évidence que la confusion s'opérera et que le maximum de l'amende sera seul appliqué. Pourquoi? parce qu'il n'y aura pas, intermédiairement au délit, un avertissement judiciaire. » (Séance du 10; *Moniteur* du 11, 1er suppl.).

Sur la cumulation des peines dans ses rapports avec les lois de la presse, voyez mon tome 1er, page 189 et suivantes.

10. Pendant les vingt jours qui précéderont les élections, les circulaires et professions de foi signées des candidats pourront, après dépôt au parquet du procureur de la république, être affichées et distribuées sans autorisation de l'autorité municipale.

Cet article est une dérogation à l'art. 2 de la loi du 21 avril 1849, loi d'ailleurs abrogée en entier par l'article suivant. Voyez ci-devant, page 73 et pages 96, 97.

M. Sautayra avait proposé un amendement ainsi conçu : « Pendant les quarante-cinq jours qui précèderont des élections « générales ou partielles, tout citoyen pourra, sans avoir be- « soin d'aucune autorisation, afficher, crier, distribuer et vendre « dans les localités où l'élection doit avoir lieu, tous journaux,

« feuilles quotidiennes ou périodiques, et tous autres écrits ou
« imprimés relatifs aux élections.

« Les écrits ou imprimés, autres que les journaux, devront
« être signés de leurs auteurs, sous peine d'une amende de 16 à
« 200 fr., et d'un emprisonnement de dix jours à un an contre
« les auteurs, imprimeurs, afficheurs, crieurs, vendeurs et dis-
« tributeurs.

« Les comptes-rendus des représentants aux électeurs pour-
« ront, en tout temps, être distribués sans avoir besoin d'au-
« cune autorisation. »

M. Sautayra déclara que sa proposition reproduisait en partie
les dispositions de l'article 2 de la loi du 21 avril 1849. Oui, répondit le ministre de la justice, « dans sa partie la plus mauvaise. »
(Séance du 10; *Moniteur* du 11, 1er suppl.)

L'amendement fut rejeté.

11. Les dispositions des lois des 9 juin 1819 et
18 juillet 1828 qui ne sont pas contraires à la présente loi continueront à être exécutées.

La loi du 9 août 1848 et celle du 21 avril 1849 sont
abrogées.

TITRE II.

DU TIMBRE.

12. A partir du 1er août prochain, les journaux ou
écrits périodiques, ou les recueils périodiques de
gravures ou lithographies politiques, de moins de
dix feuilles de vingt-cinq à trente-deux décimètres
carrés, ou de moins de cinq feuilles de cinquante à
soixante et douze décimètres carrés, seront soumis à
un droit de timbre.

Ce droit sera de cinq centimes par feuille de
soixante et douze décimètres carrés et au-dessous,
dans les départements de la Seine et de Seine-et-
Oise, et de deux centimes pour les journaux, gravures ou écrits périodiques publiés partout ailleurs.

I. — Cet article a donné lieu à une longue et confuse discussion, qui ne présente pas des résultats fort intéressants au point de vue judiciaire.

Quant aux attaques contre le timbre et le droit de poste, je me bornerai à transcrire ce qu'en a dit M. Béchard, qui a reconnu que le timbre et le droit de poste sont des impôts légitimes. Un journal est une entreprise industrielle et politique. Comme industrie, le journal est tenu de subir les charges pécuniaires qui pèsent sur toutes les industries ; comme influence morale, comme tribune politique, le journal doit être soumis à certaines garanties envers la société. Le timbre existe depuis l'an VI sur les prospectus, les annonces, les affiches, et je ne vois pas pourquoi on prétendrait en affranchir les journaux, qui sont essentiellement des moyens de publicité. Le droit de poste, c'est la rémunération d'un service, inférieur au prix coûtant, et je ne comprendrais vraiment pas pourquoi on imposerait au gouvernement l'obligation de transporter d'un bout du territoire à l'autre des machines de guerre dirigées contre lui. Ainsi la légitimité du timbre et la légitimité du droit de poste me paraissent incontestables.... La commission a cumulé les deux droits en un seul timbre d'affranchissement, ce qui est une simplification, et, par conséquent, une économie... (Séance du 12 juillet, *Moniteur* du 13, 1er suppl.).

II. — « Sous l'empire de l'ancienne législation, alors que l'impôt du timbre était de six centimes par feuille de trente décimètres carrés et descendait de un centime par cinq décimètres jusqu'à quinze, cet impôt, élevé cependant, n'avait en aucune manière empêché les journaux de voir chaque année s'augmenter considérablement leur nombre. Ainsi, depuis 1830 jusqu'en 1847, le produit de l'impôt du timbre sur les journaux s'est élevé de 2,600,000 francs à 4,600,000, et l'impôt était pour les journaux, toutes les feuilles de trente décimètres, de six centimes, auxquels il fallait ajouter quatre centimes pour droit de poste, lorsque ces journaux sortaient du département où ils étaient publiés, ce qui faisait dix centimes pour une feuille de journal transportée en province. Le nombre de ces journaux, ainsi sortant des départements où ils étaient publiés, s'est élevé de trente-trois millions à cinquante-trois millions par an. Ainsi, il n'est pas exact de prétendre que l'impôt du timbre ait empêché l'accroissement du nombre des journaux sous la législation de 1830 et ait été, comme on le répète, une entrave à la pensée. » (Discours de M. Chasseloup-Laubat, rapporteur de la commission ; séance du 12, *Moniteur* du 13, 2e suppl.)

III. — En Angleterre, le timbre est de dix centimes par feuille de journal, tandis que la loi actuelle ne le porte qu'à un maximum de cinq centimes. Il y a en outre en Angleterre un impôt sur les annonces et un impôt sur le papier. Le droit de timbre monte à 8,700,000 francs, celui des annonces est de quatre millions et l'impôt sur le papier de vingt millions, en tout trente-deux millions. (*Moniteur* cité.)

IV. — Après le décret du 4 mars 1848, qui a aboli le timbre sur les journaux, ceux-ci n'ont pas fait profiter leurs abonnés de la totalité du bénéfice qui leur était fait. Le rapporteur a établi que l'impôt était de 21 fr. 60 cent., et qu'une partie seulement de cet impôt a été remise aux abonnés. Ainsi, pour ne citer qu'un seul exemple, la *Presse*, qui donnait son journal aux abonnés de Paris pour 40 francs, lorsqu'il y avait un droit de 21 fr. 60 cent., en le donnant à 24 francs après la suppression de ce droit, n'a restitué que 16 francs aux abonnés et a bénéficié de 5 fr. 60 cent. sur chaque abonné de Paris. Pour les abonnés des départements, son bénéfice a été de 9 fr. 60 cent. Pour dix mille abonnés de Paris, cela a fait un bénéfice de 56,000 francs ; pour dix mille abonnés des départements, 96,000 francs ; au total 152,000 francs par an, dont la suppression de l'impôt du timbre a fait profiter ce journal au détriment de ses abonnés. (Voyez d'autres détails dans le discours de M. de Chasseloup-Laubat; séance du 12 juillet; *Moniteur* du 13, 2ᵉ suppl.)

Il est vrai que quelques journaux ont augmenté leur format; mais la plupart ne l'ont fait que longtemps après la suppression du timbre. D'autres, et la *Presse* est du nombre, ne l'ont pas augmenté du tout.

V. — Venons maintenant à la partie vraiment judiciaire de la loi et particulièrement de l'art. 12.

Dans le projet de la commission il y avait: *Les journaux, recueils de gravures ou écrits périodiques*. Dans le cours de la discussion on a remplacé cette formule par celle-ci : *Les journaux ou écrits périodiques, les recueils périodiques de gravures et lithographies politiques*.

Le premier paragraphe a été adopté dans les termes ci-dessus.

Ce paragraphe doit être rapproché de l'art. 22, d'après lequel les recueils et écrits périodiques dispensés du timbre avant le décret du 4 mars 1848, continueront à jouir de cette exemption.

VI. — Les journaux comme les brochures soumis au timbre, doivent être timbrés avant l'impression. (Voyez le numéro suivant et sur l'art. 13 ci-après, page 146, nº V.)

VII. — M. Pierre Leroux avait proposé un article additionnel ainsi conçu : « Il est entendu que les dimensions superficielles « ci-dessus indiquées comme devant servir à régler la quotité « du timbre, seront comptées d'après l'étendue du papier im- « primé, indépendamment de la façon dont le tirage aura été « opéré et les feuilles coupées. »

Le rapporteur répondit, au nom de la commission : « Voici pourquoi dans l'art. 10 (lisez 12) on avait mis des dimensions di- verses. On avait en vue deux ordres de choses : D'un côté, les re- vues, et on a pris le format ordinaire, qui était le format de vingt- cinq à trente-deux décimètres pour l'in-8°; et de l'autre, comme on ne faisait qu'un seul article sur le timbre, on a pris une dimension bien plus considérable pour les journaux quotidiens ; on a été jusqu'à soixante-douze décimètres carrés pour chaque feuille.

« Maintenant on nous demande d'établir l'impôt sur la partie imprimée, quelle que soit la dimension de la feuille, c'est à dire de mettre l'impôt de cinq centimes sur la feuille de vingt-cinq à trente-deux décimètres carrés d'impression. Si c'est l'opinion de M. Pierre Leroux, nous ne nous y opposons pas.

« *M. Pierre Leroux.* Non, j'entends la feuille de soixante-douze!

« *M. le rapporteur.* Mais alors vous voulez timbrer avec cinq centimes deux feuilles coupées ?

« *M. Pierre Leroux.* Eh bien ! oui !

« *M. le rapporteur.* Quelle sera la preuve que l'une de ces deux feuilles a été timbrée ?

« Nous avons donné une facilité. Vous dites qu'il y a des pres- ses qui ne peuvent s'en servir ; ce n'est pas notre faute. Ce que nous voulons, c'est que chaque feuille soit timbrée. Faites des feuilles de vingt-cinq décimètres carrés, de trente-deux, de soixante-douze, peu nous importe ; mais il n'y aura qu'un timbre.

« D'ailleurs l'amendement fût-il adopté, ce serait vainement, lorsque vous présenteriez deux feuilles dont l'une ne serait pas timbrée, que vous diriez : c'est une seule feuille. Le fisc répon- drait : Vous avez une feuille coupée en deux qui n'est pas tim- brée, nous ne pouvons pas l'accepter. Vous êtes passible de l'amende.

« Nous savons que toutes les presses ne sont pas organisées pour produire des feuilles de soixante-douze décimètres ; mais nous ne pouvons que répéter que c'est une facilité que nous avons donnée et que c'est à vous de tâcher d'en user.

(Séance du 16 juillet; *Moniteur* du 17, 2e suppl.)

13. Les écrits non périodiques traitant de matières

politiques ou d'économie sociale qui ne sont pas actuellement en cours de publication, ou qui, antérieurement à la présente loi, ne sont pas tombés dans le domaine public, s'ils sont publiés en une ou deux livraisons ayant moins de trois feuilles d'impression de vingt-cinq à trente-deux décimètres carrés, seront soumis à un droit de timbre de cinq centimes.

Par chaque dix décimètres carrés ou fraction en sus, il sera perçu un centime et demi.

Cette disposition est applicable aux écrits non périodiques publiés à l'étranger, lesquels seront, à l'importation, soumis aux droits de timbre fixés pour ceux publiés en France.

I. — Le premier et le deuxième paragraphes de cet article composaient deux paragraphes distincts, le troisième et le quatrième, de l'article précédent; ils avaient d'abord été rejetés sous une forme un peu différente. Reproduits à la séance suivante avec les modifications indiquées par la discussion, ils sont devenus une partie de l'article 13. Sur la proposition de M. Dabeaux, on a ajouté au texte du projet, d'abord rejeté, les mots : *qui ne sont pas actuellement en cours de publication, ou qui, antérieurement à la présente loi, ne sont pas tombés dans le domaine public.*

Le nombre de feuilles, qui était de dix, dans le projet, a été réduit d'abord à 6, puis à 3.

Ces diverses propositions ont été adoptées avec l'assentiment du gouvernement et de la commission. (Séance du 15; *Moniteur* du 16.)

II. — Lorsque le nombre des feuilles était fixé à dix, dans la séance du 13 juillet, M. Barthélemy-Saint-Hilaire, croyant que ce nombre s'appliquait à l'ouvrage lui-même et non aux livraisons, avait demandé comment on reconnaîtrait, à la publication de chaque livraison, que l'ouvrage était destiné à avoir six, dix livraisons et plus. M. Baroche, ministre de l'intérieur, lui répondit : « Chaque publication est un ensemble; s'il y a plus ou moins de six feuilles, le timbre est dû ou n'est pas dû. Que ce soit un tout ou une partie d'un tout, du moment que vous publierez un écrit qui a moins de six feuilles, vous devez le timbre. Voilà la pensée de la loi. » (Séance du 13 ; *Moniteur* du 14, 2ᵉ suppl.)

Cette explication s'applique au premier paragraphe de l'art. 13.

III. — M. Bac demanda si les *ouvrages actuellement en cours de publication* étaient ceux dont la déclaration avait été faite régulièrement. Le ministre de la justice, M. Rouher, répondit : « La déclaration est un dépôt. » (Séance du 15 ; *Moniteur* du 16, 1ᵉʳ suppl.) Je ne sais trop quel sens il faut donner à cette réponse, qui a été probablement mal rendue par le *Moniteur*. Quant à moi, je pense qu'il ne peut y avoir d'ouvrage en cours de publication, dans le sens de cet article, que ceux dont la déclaration a été régulièrement faite.

IV. — Le troisième paragraphe a été adopté sur la proposition de M. Prudhomme.

V. — Plus tard, dans le cours de la discussion, M. Barthélemy-Saint-Hilaire présenta un article additionnel qui avait pour objet de ne faire timbrer les brochures soumises au timbre qu'au fur et mesure de la vente. Cet article fut repoussé par le gouvernement et par la commission, qui déclarèrent que cette faculté donnerait trop de facilités pour la fraude. « Nous demandons, a dit le ministre des finances, M. Fould, que les brochures pour lesquelles l'assemblée a déterminé qu'il y aurait un timbre soient imprimées sur du papier timbré. M. Barthélemy-Saint-Hilaire voudrait qu'on timbrât du papier imprimé. Voilà la différence. » (Séance du 16 ; *Moniteur* du 17, 1ᵉʳ suppl.)

L'article fut rejeté. Voyez ci-devant sur l'art. 12, nᵒˢ VI et VII.

VI. — Le ministre de l'intérieur, M. Baroche, a déclaré dans la discussion que les expressions « matières politiques ou d'écono-« mie sociale, » comprennent les chansons. « Nous atteindrons « aussi les chansons, qui sont maintenant aussi un mode de « propagande, et un mode de propagande extrêmement dange-« reux. »

VII. — M. Duvergier pense, avec raison, que l'article est applicable au cas où il y aurait plus de deux livraisons, dont chacune comprendrait moins de trois feuilles d'impression. (*Lois et ordonnances*, 1850, page 321, note 3.)

VIII. — Les livraisons qui contiennent trois feuilles ou plus ne sont pas soumises au timbre. *Sic*, Duvergier, note 4.

IX. — Voyez ci-après sur l'art. 22.

14. Tout roman-feuilleton publié dans un journal ou dans son supplément sera soumis à un timbre de un centime par numéro.

Ce droit ne sera que d'un demi-centime pour les journaux des départements autres que ceux de la Seine et de Seine-et-Oise.

I. — Le premier paragraphe de cet article a été proposé par M. de Riancey et adopté par l'assemblée, après avoir été accepté par le gouvernement et repoussé par la commission.

On a demandé comment on distinguerait le feuilleton-*roman* du feuilleton-*histoire*, ou *mémoire* ou *souvenirs* ? Où commence, où finit le roman-feuilleton ? Appellera-t-on roman-feuilleton telle histoire qui pourrait être publiée dans un journal et recevoir un autre titre ? On a prétendu qu'il était impossible de reconnaître les véritables limites qui séparent le roman de l'histoire; qui sera juge de la distinction ? (Discours de M. E. de Girardin et de M. de Chasseloup-Laubat , rapporteur de la commission; séance du 15; *Moniteur* du 16, 1er suppl.) M. de Riancey a répondu que la commission trouvait les tribunaux parfaitement aptes pour reconnaître les écrits *traitant de matières politiques et d'économie sociale*. Ils doivent avoir la même aptitude pour saisir le sens du mot *roman-feuilleton*. *(Ibid.)*

II. — La place occupée dans le journal par le *roman-feuilleton* importe peu ; c'est la chose elle-même que la loi a voulu atteindre. « Que ces romans, a dit M. de Riancey, soient publiés au rez-de-chaussée d'un journal ou bien à titre de supplément, peu importe. Mon amendement, à mon sens, englobe tout cela. Si cela est nécessaire, je vous demande d'ajouter ces mots très catégoriques : «Au bas du journal ou dans les suppléments.» *(Ibid.)*

III. — Le deuxième paragraphe a été adopté avec l'adhésion de la commission, sur la proposition de M. Cordier.

Sur la juridiction compétente pour juger ces infractions, voyez ci-après l'article 25.

15. Le timbre servira d'affranchissement au profit des éditeurs de journaux et écrits, savoir :

Celui de cinq centimes pour le transport et la distribution sur tout le territoire de la république.

Celui de deux centimes pour le transport des journaux et écrits périodiques dans l'intérieur du département (autre que ceux de la Seine et de Seine-et-Oise) où ils seront publiés, et des départements limitrophes.

Les journaux ou écrits seront transportés et distribués par le service ordinaire de l'administration des postes.

I. — M. de Lahitte, ministre des affaires étrangères, a fait observer que la disposition ne pouvait pas s'appliquer aux journaux publiés à l'étranger et transportés en France, parce que ce transport a lieu en vertu de traités sanctionnés par l'assemblée. Le rapporteur de la commission a répondu qu'effectivement il ne s'agissait que des journaux publiés en France. (Séance du 15 juillet; *Moniteur* du 16, 1er suppl.) Voyez ci-après, page 161, l'article 2 du décret du 31 juillet 1850.

Pour les journaux publiés en France en langue étrangère, voyez ci-après, page 154, art. 28.

II. — On avait proposé de laisser aux propriétaires de journaux la faculté de les faire transporter et distribuer par une autre voie que celle de la poste. M. Barthélemy-Saint-Hilaire a prétendu que cet amendement était inutile, puisque l'art. 17 du projet (21me de la loi) satisfaisait à cette proposition. Mais les auteurs de l'amendement et le ministre des finances ont dit que cet article 17 (21) n'était pas entendu dans ce sens, et qu'il fallait dès-lors voter sur l'amendement, qui a été rejeté.

III. — Le timbre d'affranchissement doit servir au profit des éditeurs seuls. Voyez ci-après sur l'article 17, n. 1. Le mot *écrits* s'applique aux écrits périodiques énoncés dans l'article 12, et aux écrits non périodiques dont il est question dans l'article 13. *Sic*, Duvergier, page 321, notes 8 et 9.

16. Les journaux ou écrits périodiques frappés du timbre de deux centimes devront, pour être transportés et distribués hors des limites déterminées par le troisième paragraphe de l'article précédent, payer un supplément de prix de trois centimes.

Ce supplément de prix sera acquitté au bureau de poste du départ, et le journal sera frappé d'un timbre constatant l'acquittement de ce droit.

17. L'affranchissement résultant du timbre ne sera valable, pour les journaux et écrits périodiques, que pour le jour et pour le départ du lieu de leur publication.

Pour les autres écrits, il ne sera également valable que pour un seul transport, et le timbre sera maculé au départ par les soins de l'administration.

Toutefois, les éditeurs des journaux ou écrits périodiques auront le droit d'envoyer en franchise à tout abonné, avec la feuille du jour, les numéros publiés depuis moins de trois mois.

I. — Cette disposition a été introduite sur la demande des gérants de journaux. « Ils ont dit, a déclaré le rapporteur de la commission, que si on donnait ce timbre d'affranchissement et si on n'accordait pas qu'à eux seuls la faculté de mettre les journaux en franchise à la poste, il en résulterait des sous-abonnements préjudiciables à la fois et à leurs intérêts et aux intérêts du trésor. » (Séance du 15; *Moniteur* du 16, 1er suppl.)

II. — M. de Girardin voulait que l'affranchissement résultant du timbre servît indéfiniment, à la condition que le journal fût expédié directement par l'éditeur. On lui a répondu que ce serait s'exposer à faire servir le timbre deux fois et qu'on pourrait servir à la fois deux classes d'abonnés. (*Ibid.*) Mais reste l'inconvénient signalé par M. de Girardin, d'un numéro qui ne sera pas parvenu à son adresse et qu'il faudra envoyer avec un nouveau timbre. Il est évident que, pour obvier à cet inconvénient qui est peu grave, on aurait été exposé à faire servir le même timbre d'affranchissement plusieurs fois.

III. — Si l'abonné qui a reçu le journal veut l'expédier ailleurs par la poste, le pourra-t-il sans payer un nouveau droit? On a répondu que non. (*Ibid.*)
Voyez ci-après l'art. 19.

IV. — M. Barthélemy-Saint-Hilaire a prétendu que la disposition ne devait pas s'appliquer aux journaux hebdomadaires ou mensuels. M. Béchard a répondu que l'article s'appliquait à tous les journaux. (*Ibid.*)

18. Un supplément qui n'excédera pas soixante et

douze décimètres carrés, publié par les journaux qui paraissent plus de deux fois par semaine, sera exempt de timbre, sous la condition qu'il sera uniquement consacré aux nouvelles politiques, aux débats de l'assemblée nationale et des tribunaux, à la reproduction et la discussion des actes du gouvernement.

Les suppléments du *Moniteur universel*, quel que soit leur nombre, seront exempts de timbre.

19. Quiconque, autre que l'éditeur, voudra faire transporter un journal ou écrit par la poste, sera tenu d'en payer l'affranchissement à raison de cinq centimes ou de deux centimes par feuille, selon les cas prévus par la présente loi.

Le journal sera frappé, au départ, d'un timbre indiquant cet affranchissement.

A défaut de cet affranchissement, le journal sera, à l'arrivée, taxé comme lettre simple.

I.—M. d'Adelsward avait proposé un amendement ainsi conçu : « Quiconque, autre que l'éditeur, voudra faire transporter un « journal ou écrit par la poste, sera tenu d'en payer l'affranchis- « sement selon le timbre, au prix fixé par la présente loi. » Le rapporteur a fait observer que cet amendement tombait, l'assemblée ayant repoussé le timbre de dimension. L'auteur n'a pas insisté. (Séance du 16 ; *Moniteur* du 17.)

II. — Comparez l'article 2 de la loi du 14 décembre 1830.

20. Une remise de un pour cent sur le timbre sera accordée aux éditeurs de journaux et d'écrits périodiques pour déchets de maculature.

Il sera fait remise d'un centime par feuille de journal qui sera transportée et distribuée aux frais de l'éditeur dans l'intérieur de la ville, et en outre, à Paris, dans l'intérieur de la petite banlieue.

Les conditions à observer pour jouir de cette re-

mise seront fixées par un arrêté du ministre des finances.

M. F. de Lasteyrie a demandé que le deuxième paragraphe
s'appliquât aux journaux vendus sur la voie publique. On lui a
répondu que cela allait de soi. M. le président Dupin a dit :
« Vendu ou distribué, c'est la même chose. » M. le rapporteur a
ajouté : « Distribué ou vendu par l'éditeur, c'est la même chose.
Il est évident que le journal qu'on fait vendre n'a pas passé par
la poste, et dès-lors il n'est soumis qu'au timbre de quatre centimes. » M. de Lasteyrie n'a pas insisté. (Séance du 16 ; *Moniteur*
du 17.)

21. Un règlement déterminera le mode d'apposition
du timbre sur les journaux ou écrits, la place où devra être indiqué le jour de leur publication, le mode
de pliage, enfin les conditions à observer pour la remise à la poste des journaux ou écrits, par les éditeurs qui voudront profiter de l'affranchissement.

Voyez ci-après, page

22. Les recueils et écrits périodiques qui étaient
dispensés du timbre, avant le décret du 4 mars 1848,
continueront à jouir de cette exemption.

I. — Cet article avait été omis lors de la première publication
dans le *Bulletin des Lois*. Voyez ci-devant, page 122, à la note.

II. — M. Barthélemy-Saint-Hilaire avait demandé si les catalogues d'un libraire s'occupant spécialement de politique et d'économie politique, étaient exempts du timbre ; il paraissait en
douter. Le ministre des finances, M. Fould, lui répondit que ces
catalogues font partie de la nomenclature de l'art. 22 ; mais que,
quant aux brochures traitant d'économie politique ou sociale,
elles doivent être timbrées lorsqu'elles n'ont pas plus de trois
feuilles d'impression. (Séance du 16 ; *Moniteur* du 17, 1er suppl.)
Voyez ci-devant, page 146, nos 7 et 8, sur l'art. 13.

III. — Voyez l'observation faite ci-devant, page 148, no III, au
sujet des recueils et écrits périodiques actuellement soumis au
timbre.

23 Les préposés de l'enregistrement, les officiers

de police judiciaire et les agents de la force publique sont autorisés à saisir ceux de ces journaux ou écrits qui seraient en contravention , sauf à constater cette saisie par des procès-verbaux dont la signification sera faite aux contrevenants dans le délai de trois jours.

24. Pour les journaux, gravures ou écrits périodiques, chaque contravention aux dispositions de la présente loi sera punie, indépendamment de la restitution des droits frustrés, d'une amende de cinquante francs pour chaque feuille ou fraction de feuille non timbrée. L'amende sera de cent francs en cas de récidive.

Pour les autres écrits, chaque contravention sera punie, indépendamment de la restitution des droits frustrés, d'une amende égale au double desdits droits, sans que, dans aucun cas , cette amende puisse être moindre de deux cents francs.

Les auteurs, éditeurs, gérants, imprimeurs et distributeurs desdits journaux ou écrits soumis au timbre , seront solidairement tenus de l'amende , sauf leur recours les uns contre les autres.

I. — Cet article a passé sans aucune observation de la part de personne. C'est cependant un des plus importants de la loi.

L'amende est considérable : cinquante francs pour chaque feuille non timbrée, cent francs en cas de récidive ; on peut ainsi atteindre aisément quelques centaines de mille francs ! Ce n'est pas tout. Le dernier paragraphe rend solidaires de l'amende non-seulement le gérant, l'éditeur, l'imprimeur et le distributeur des journaux ou écrits soumis au timbre, mais encore l'auteur, c'est à dire celui qui aura rédigé l'écrit ou l'article du journal. On comprend cette rigueur contre le gérant du journal ou l'éditeur de l'écrit ; le gérant est préposé pour surveiller ; l'éditeur fait imprimer, il doit surveiller ; tous, de même que l'imprimeur, sont là, sur les lieux, ils agissent eux-mêmes ou font agir les autres, la responsabilité peut et doit leur incomber. Quant au distributeur, il est averti, il a dans les mains les exemplaires de l'écrit ou du journal; avant de faire la distribution, il doit s'assurer s'ils sont timbrés. Mais l'auteur, qui n'est pas là pour surveiller, qui n'a aucun exemplaire à sa disposition, qui ignore le jour où son article paraîtra dans le journal, qui ne sait pas le moment où son écrit sera mis sous presse, où l'impression sera achevée, qui est peut-être à deux cents lieues de la ville où s'imprime l'écrit, le journal, le recueil périodique, on le rend responsable d'un fait qui n'est pas le sien, d'un acte qu'il n'a pas commis, auquel il est étranger, qu'il n'a pu empêcher, qu'il n'était pas chargé de vérifier, de surveiller, qu'il ne peut presque jamais vérifier ni surveiller ; c'est exorbitant, c'est inouï! Comment a-t-on pu laisser passer une pareille disposition dans la loi? Enfin, c'est écrit, c'est promulgué, il faut se soumettre ; *Dura lex, sed lex.* Mais, dans la pratique, les tribunaux et l'administration adouciront et corrigeront, il faut l'espérer, autant que cela dépendra d'eux, ce que cette disposition renferme d'exorbitant.

II.— Cette solidarité a-t-elle lieu de plein droit, sans jugement, sans mise en cause? Je ne saurais le penser. La loi la prononce, mais c'est aux tribunaux à l'appliquer; or, pour l'appliquer, il faut qu'ils aient devant eux les parties poursuivies par l'administration, par le ministère public. La solidarité ne sera donc appliquée que contre ceux qui seront mis en cause. Celui qui n'aura pas figuré dans le jugement ne pourra être frappé par une condamnation qu'il n'aura pas été mis à même d'éviter. Cette condamnation sera pour lui *res inter alios acta.* L'autorité ne pourra pas lui demander le payement en vertu d'un jugement dans lequel il n'aura pas été partie ; et la partie poursuivie et condamnée ne pourra non plus , en vertu de ce seul jugement, se faire payer une portion de l'amende par l'individu non poursuivi , puisque la solidarité n'atteint que ceux qui sont tenus de l'amende; et ceux-là seuls qui sont condamnés en sont tenus, car alors seulement ils sont juridiquement considérés comme auteurs, éditeurs, distributeurs, imprimeurs de l'écrit ou du journal soumis au timbre. Tant qu'ils n'ont pas été condamnés, ils sont présumés n'avoir participé en rien à la contravention.

III. — Quant au recours des condamnés les uns contre les autres, comment faut-il l'entendre? Il faut l'entendre en ce sens que la dette se divise entre eux, conformément aux art. 1213 et 1214 du Code civil.

IV. — Il ne faut pas oublier que l'article contient deux pénalités distinctes : 1° Celle du paragraphe premier, qui s'applique aux journaux, gravures et écrits périodiques ; 2° celle du deuxième paragraphe, qui ne concerne que les autres écrits non périodiques. Le projet n'établissait aucune distinction. C'est d'après les réclamations de la librairie, que la commission a introduit la distinction consacrée par le texte.

25. Le recouvrement des droits de timbre et des amendes de contravention sera poursuivi, et les instances seront instruites et jugées conformément à l'article 76 de la loi du 28 avril 1816.

DISPOSITIONS TRANSITOIRES.

26. Le droit de timbre afférent aux abonnements contractés avant la promulgation de la présente loi sera remboursé aux propriétaires de journaux ou écrits périodiques.

Un règlement déterminera le délai et la forme des réclamations, ainsi que les justifications à produire.

Cette dépense sera imputée sur le crédit alloué au chapitre 70 du budget des finances concernant les remboursements sur produits indirects et divers.

Un crédit supplémentaire de trente-cinq mille francs sur l'exercice 1850 est ouvert au ministre des finances pour l'exécution de la présente loi.

27. Il est accordé aux journaux actuellement existants, pour se conformer aux conditions imposées par les articles 3 et 4, un délai de deux mois, à partir du jour de la promulgation de la présente loi.

Le ministre des finances est autorisé à tenir compte aux éditeurs de journaux du prix du timbre pour les feuilles timbrées avant le décret du 4 mars 1848, et qui n'ont pas été employées.

28. Sont affranchis du cautionnement et du timbre tous journaux ou publications imprimés en France,

en langues étrangères, mais destinés à être publiés et distribués dans les pays étrangers.

I. — Cet article a été adopté sur la proposition de M. Gasc, amendée en ce sens qu'aux mots: *pays d'outre-mer*, on a substitué ceux-ci : *pays étrangers ;* on a ajoûté que l'affranchissement ne concernait que le cautionnement et le timbre ; les droits de la poste sont expressément réservés, comme l'a déclaré le ministre des finances. (Séance du 16; *Moniteur* du 17, 2ᵉ suppl.)

II. — Voyez ci-après, page 160, le décret du 31 juillet 1850, article 1ᵉʳ.

———

DÉCRET DU 27-29 JUILLET 1850,

Pour l'exécution du titre II de la loi du 16 juillet 1850 sur le timbre des écrits périodiques et non périodiques.

Le président de la République,

Vu les articles 12, 13, 14, 20, 21 et 26 du titre II de la loi du 16 juillet 1850, sur le timbre des écrits périodiques et non périodiques ;

Sur le rapport du ministre des finances,

Décrète :

Art. 1ᵉʳ. Il sera établi pour l'exécution des articles 12, 13, 14 et 20 de la loi du 16 juillet 1850, des timbres de six, cinq, quatre centimes, de deux centimes et demi, de deux centimes et de un centime, indiquant dans l'écusson le montant du droit.

Ces timbres seront conformes au dessin des timbres actuels, et le mot *Seine* sera inséré dans l'exergue de ceux destinés à l'atelier général, à Paris.

Les timbres destinés à constater qu'il a été fait aux éditeurs la remise d'un centime autorisée par le second alinéa de l'article 20 de la loi du 16 juillet seront apposés à l'encre rouge.

L'administration de l'enregistrement et des domai-

nes fera déposer aux greffes des cours et des tribunaux des empreintes de ces nouveaux timbres sur papier filigrané.

Il sera dressé, sans frais, procès-verbal de chaque
dépôt.

2. En attendant la confection de ces nouveaux
timbres, l'administration emploiera pour la perception des droits établis par la loi du 16 juillet, les
timbres existants, savoir :

1° Dans les départements de la Seine et de Seine-
et-Oise,

Pour le droit de six centimes, le timbre ancien de
cette quotité qui était appliqué aux journaux avant
le décret du 4 mars 1848;

Pour le droit de cinq centimes, le timbre de cette
quotité servant pour les papiers destinés aux affiches;

Pour le droit de quatre centimes, l'ancien timbre
de cette quotité appliqué aux journaux;

Et pour le droit de un centime et demi, le timbre
d'un centime en usage pour les avis et annonces;

2° Dans les quatre-vingt-quatre autres départements,

Pour le droit de cinq centimes, le timbre de cette
quotité en usage pour les affiches;

Pour le droit de deux centimes et demi, le timbre
actuel de la même quotité concernant les avis et annonces;

Pour les droits de deux centimes, de un centime et
demi et de un centime, le timbre de un centime en
usage pour les annonces. Ce dernier timbre sera appliqué deux fois sans la griffe, pour le droit de deux
centimes, une seule fois avec la griffe pour le droit de

un centime et demi, et une seule fois sans la griffe pour le droit de un centime.

3. Le timbre des papiers destinés à l'impression des journaux ou écrits que les éditeurs doivent remettre à la poste, ainsi que le prévoit l'article 21 de la loi du 16 juillet, sera appliqué à droite et à l'angle supérieur de la feuille déployée.

Le timbre ne pourra être couvert d'impression.

La feuille devra être imprimée et pliée de manière à ce que le timbre et l'indication du jour de la publication se trouvent sur la partie extérieure du dernier pli et complètement en évidence.

Les autres conditions à observer, pour la remise à la poste des journaux ou écrits par les éditeurs qui voudront profiter de l'affranchissement, seront déterminées par des arrêtés du directeur de l'administration des postes. .

Faute d'accomplissement de ces conditions, les journaux et écrits seront refusés aux bureaux de la poste.

4. Les propriétaires de journaux et écrits périodiques qui voudront réclamer le remboursement du droit de timbre afférent aux abonnements contractés avant la promulgation de la loi du 16 juillet, seront tenus de remettre, au plus tard le 1er septembre prochain, au directeur de l'enregistrement du département, un relevé sommaire indiquant le nombre et la durée de ces abonnements, en distinguant les journaux ou écrits remis à la poste et ceux distribués aux frais de l'éditeur.

Si les propriétaires de journaux ne joignent pas à ce relevé les registres, feuilles et autres pièces servant à le justifier, ces pièces devront être communiquées, dans les bureaux du journal, au préposé de l'enregistrement chargé de les vérifier.

Le nombre et la durée des abonnements antérieurs à la publication de la loi du 16 juillet 1850 seront arrêtés pour chaque journal, sur le rapport du directeur du département, par l'administration de l'enregistrement, qui ordonnera successivement les remboursements autorisés par l'article 26 de la loi du 16 juillet.

5. Le ministre des finances est chargé de l'exécution du présent décret, qui sera inséré au Bulletin des lois.

———

LOI DU 30 JUILLET — 2 AOUT 1850,

Sur la police des Théâtres.

L'assemblée nationale a adopté d'urgence la loi dont la teneur suit :

ART. 1ᵉʳ. Jusqu'à ce qu'une loi générale, qui devra être présentée dans le délai d'une année, ait définitivement statué sur la police des théâtres, aucun ouvrage dramatique ne pourra être représenté sans l'autorisation préalable du ministre de l'intérieur à Paris, et du préfet dans les départements.

Cette autorisation pourra toujours être retirée pour des motifs d'ordre public.

I. — M. de la Grange (de la Gironde) avait fait une proposition qui avait un double but, de soumettre provisoirement l'ouverture des théâtres et les représentations des pièces dramatiques à une autorisation préalable. Cette proposition ayant été prise en considération, le ministre de l'intérieur présenta un projet de loi qui, laissant de côté la question relative à l'ouverture et à l'établissement des théâtres , ne s'occupait que de la représentation des pièces dramatiques. M. Monet a été chargé de faire un rapport sur la proposition de M. de la Grange et sur le projet du gouvernement. Ce projet, amendé par la commission, a été adopté, et est devenu la loi du pays.

II. — La question de la nécessité de la censure dramatique se présentait d'abord à l'examen de la commission. A la différence de ce qui s'était passé en 1830, il y avait en faveur de la liberté des représentations théâtrales un texte de loi, l'art. 2 du décret du 6 mars 1848, qui, en abolissant la loi du 9 septembre 1835, avait abrogé la censure dramatique. L'honorable M. Monet a dit dans son rapport que « le gouvernement provisoire, en rapportant, par son décret du 6 mars 1848, la loi du 9 septembre 1835, n'avait point abrogé la législation antérieure, mais que cette législation avait été en quelque sorte frappée d'impuissance entre les mains de l'administration. » (Voyez ce rapport dans la *Gazette des Tribunaux* du 8-9 juillet 1850.) Il ne serait pas difficile de démontrer l'erreur d'une pareille opinion. Je crois , en ce qui me concerne, qu'avant la loi actuelle et depuis le décret du 6 mars 1848, la censure dramatique était formellement abolie en fait comme en droit.

III. — A-t-on eu raison de la rétablir ? Je n'hésite pas à répondre que, dans un ordre de choses régulier, la liberté indéfinie des représentations théâtrales est incompatible avec les progrès de l'art, comme avec le respect des bonnes mœurs et la tranquillité publique. Je m'en réfère sur ce point à ce qui a été dit dans mon *Traité des délits de la parole et de la presse*. (Voyez t. 1er, p. 715 et suiv.)

IV. — M. Monet a établi, en outre, que, au point de vue constitutionnel , le rétablissement éventuel de la censure dramatique avait été réservé lors de la discussion de l'article 8 de la constitution. (Voyez dans la *Collection des lois* de Duvergier, année 1848, page 567, note 1.)

V. — Quant' à l'établissement et à l'ouverture des théâtres et spectacles publics, qui faisait l'objet de la proposition de M. de la Grange, la commission a tranché cette question par les raisons indiquées ci-dessus en ce qui concerne les effets du décret du 6 mars 1848. Elle a considéré comme superflue cette partie de la proposition relative à l'autorisation pour l'ouverture des théâtres. « Car, a dit le rapporteur, les termes formels du décret du 8 juin 1806, qu'aucune loi n'a abrogé, ne laissent aucune incertitude à cet égard sur les droits de l'autorité. » (Rapport cité.) Cette question est tranchée par le rapport, mais est-elle résolue ? On peut douter qu'elle le soit, au point de vue législatif, comme au point de vue judiciaire. Il est à regretter que l'assemblée n'ait pas été mise à même de la résoudre par un vote. L'opinion de la commission est une grave autorité sans doute ; mais ce n'est pas autre chose, et la question reste entière devant les tribunaux. Il est à désirer qu'elle soit résolue dans la loi définitive qui est élaborée par le conseil-d'état. On sait qu'en 1835, les orateurs de l'opposition, qui concédaient la censure dramatique, se montrèrent moins faciles sur l'autorisation exigée pour l'établissement des théâtres. (Voyez mon tome 1er, page 716, no 1076, *in fine*.)

VI. — L'article 1er présente le même sens que l'article 21 de la loi du 9 septembre 1835, en ce qui concerne les ouvrages dramatiques proprement dits. (Voyez mon *Traité des délits de la parole et de la presse*, tome 1er, pages 715 et suiv.) Mais cet art. 21 s'occupait en outre des spectacles de curiosités. Les pièces qui sont représentées dans ces spectacles sont-elles soumises à l'autorisation préalable? Oui, si l'on prend les mots *théâtres* et *ouvrages dramatiques* dans un sens large. Il est regrettable que les deux premiers paragraphes de l'art. 21 de la loi de 1835 n'aient pas été textuellement reproduits. On aurait évité des difficultés qui ne peuvent manquer de s'élever. (Voyez mon tome 1er, page 717.)

VII. — L'article 1er, relatif à l'autorisation des préfets pour les pièces déjà représentées à Paris ou ailleurs, a été expliqué par le rapporteur avec le même sens qui avait été reconnu à l'art. 21 de la loi de 1835. (Voyez mon *Traité*, tome 1er, page 718.)

VIII. — Quant au retrait de l'autorisation, voyez mon tome 1er, page 719.

IX. — « Un membre de la commission avait proposé d'accorder aux maires la faculté d'interdire la représentation des pièces qu'ils jugeraient de nature à causer du désordre, à condition d'en référer au préfet dans les vingt-quatre heures. Il nous a paru qu'une semblable disposition ne pouvait trouver place dans une loi essentiellement provisoire. Il ne pourrait y avoir, d'ailleurs, que des inconvénients sans aucune utilité, à donner aux magistrats municipaux un pouvoir aussi arbitraire. S'ils craignent des désordres dans leur localité, ils trouveront toujours les moyens de s'y opposer par les mesures générales de la loi du 16-24 août 1790. » (Rapport de M. Monet.)

2. Toute contravention aux dispositions qui pré-

cèdent est punie, par les tribunaux correctionnels, d'une amende de cent francs à mille francs, sans préjudice des poursuites auxquelles pourraient donner lieu les pièces représentées.

I. — Le projet du gouvernement avait omis d'édicter une peine contre les contrevenants. La commission a réparé cette omission.

II. — Les réserves relatives aux poursuites auxquelles les pièces représentées peuvent donner lieu, se trouvent dans la loi de 1835. (Voyez mon tome 1er, page 720, no 1088, et page 721, no 1093.)

3. Pour l'exécution de la présente loi, il est ouvert au ministre de l'intérieur un crédit de douze mille quatre-vingt-trois francs trente centimes (12,083 fr. 30 c.), en addition au chapitre des subventions aux théâtres pour l'exercice 1850.

4. Le crédit ouvert en vertu de la présente loi sera imputé sur les ressources de l'exercice de 1850.

———

DÉCRET DU 31 JUILLET — 6 AOUT 1850,

Relatif à la Taxe postale des journaux et autres imprimés échangés entre la France et les pays étrangers.

ART. 1er. Les journaux et écrits, imprimés en France et adressés à l'étranger, qui auront payé les droits de timbre voulus par les articles 12 et 13 de la loi du 16 juillet 1850, et qui seront remis à la poste par les éditeurs, dans les délais fixés par l'article 17 de ladite loi, n'auront à payer que le supplément de prix nécessaire pour combler la différence qui pourra exister entre le montant de ces droits et le montant de la taxe d'affranchissement exigible d'après les tarifs actuellement en vigueur.

2. Les imprimés non périodiques publiés à l'étranger, et adressés en France par la voie de la poste, n'auront à payer aucun droit de timbre en sus de la taxe postale.

Afin que les imprimés de cette catégorie qui auront payé ladite taxe puissent circuler librement dans l'intérieur, l'administration des postes les fera frapper d'un timbre à date portant, à l'encre rouge, le nom du bureau de poste par lequel ils seront entrés sur le territoire français.

ART. 3. Le ministre des finances est chargé de l'exécution du présent décret, qui sera inséré au Bulletin des lois.

LOI DU 7-13 AOÛT 1850,

Sur la Presse dans les Colonies.

L'assemblée nationale a adopté d'urgence la loi dont la teneur suit :

TITRE PREMIER.

DISPOSITIONS GÉNÉRALES.

ART. 1ᵉʳ. Les lois et ordonnances qui font l'objet de l'article 2 du décret du 2 mai 1848, et les lois du 30 décembre 1830, du 11 août 1848 et du 27 juillet 1849, sur l'affichage et sur la presse, continueront à être exécutées ou seront exécutoires dans les colonies de la Martinique, de la Guadeloupe et dépendances, de l'île de la Réunion et de la Guyane française, sous les modifications suivantes :

I. — Avant la révolution de 1848, la censure régnait sans partage dans nos colonies. Le décret du 2 mai 1848 leur donna la liberté de la presse telle qu'elle existait alors en France, sauf quelques modifications. (Voyez ci-devant, pages 18 et 19.) La constitution du 4 novembre 1848 porte que les colonies seront régies par des lois particulières. Les lois qui régissent la France métropolitaine ne pouvaient continuer à régir la France coloniale, sans leur faire subir certaines modifications appropriées aux localités, à leurs mœurs, à leur situation morale, intellectuelle et politique. Ces modifications ont été édictées par la loi actuelle, adoptées d'urgence, à cause des circonstances qui n'ont pas permis d'adopter un projet de loi présenté au mois de juin précédent par le gouvernement.

II. — Le projet du gouvernement ne rendait exécutoire que les lois du 11 août 1848 et du 27 juillet 1849, sauf certaines modifications. A ces lois, la loi actuelle ajoute *les lois et ordonnances qui font l'objet de l'article 2 du décret du 2 mai 1848 et la loi du 30 décembre 1830.*

Les lois et ordonnances énoncées dans l'article 2 du décret du 2 mai sont toutes les lois et ordonnances relatives à la police de la presse et de l'imprimerie dans la métropole et les colonies et celles qui concernent la répression et la poursuite des crimes, délits ou contraventions de la presse antérieures à la révolution de 1848, mais telles que les décrets du gouvernement provisoire les avaient modifiées. On y a ajouté spécialement la loi du 30 décembre 1830 sur l'affichage (Voyez mon tome 1er, p. 700 et suiv.), plus celle du 11 août 1848 (Voyez ci-devant, pages 44 et suiv.) et celle du 27 juillet 1849 (Voyez ci-devant, pages 85 et suiv.).

III. — Le décret du gouvernement provisoire du 2 mai 1848, qui déclarait exécutoires dans les colonies les lois sur la presse et déférait aux cours d'assises la connaissance des crimes et délits commis par la voie de la presse ou tous autres moyens de publication, n'avait eu pour but que de faire rentrer les colonies sous le droit de la métropole, et non de créer en leur faveur un privilége. D'où il suit que, nonobstant la généralité des termes de ce décret, les diffamations ou injures publiques commises dans les colonies, verbalement ou par la voie de la presse, envers de simples particuliers ou envers des fonctionnaires pour des faits non relatifs à leurs fonctions, étaient et sont justiciables comme en France de la juridiction correctionnelle, et non de celle de la cour d'assises. C. C. 23 février 1850, cassation d'un arrêt de la cour d'appel de la Martinique du 18 octobre 1849; J. P. 1850-1-503. — Voyez les articles 8 et 9 ci-après.

TITRE II.

DE LA RÉPRESSION DES DÉLITS ET CRIMES COMMIS PAR LA VOIE DE LA PRESSE OU PAR TOUTE AUTRE VOIE DE PUBLICATION.

ART, 2: La reproduction par voie de publication, dans les colonies, des articles des journaux ou écrits périodiques et de tous autres écrits publiés dans la métropole, pourra être poursuivie et punie, en vertu de la présente loi, comme si la première publication en avait eu lieu dans la colonie.

Le titre II du projet était intitulé : *Des contraventions aux lois sur la presse.* L'article 2 réglait le cautionnement. Cet article a disparu de la loi nouvelle. Il ne faut pas en conclure que la presse périodique des colonies soit dispensée du cautionnement. Il en résulte seulement que la nécessité du cautionnement se trouve réglée par les lois et ordonnances antérieures, qui font l'objet de l'article 2 du décret du 2 mai 1848, et dont s'occupe l'article 1er ci-dessus. Voyez l'article 6 ci-après.

3. La provocation directe ou indirecte au rétablissement de l'esclavage,

L'excitation au mépris ou à la haine entre les anciennes classes de la population coloniale,

L'excitation à la résistance contre l'autorité métropolitaine,

Commises par l'un des moyens énoncés en l'article 1er de la loi du 17 mai 1849;

L'outrage fait publiquement, d'une manière quelconque, au représentant du Gouvernement métropolitain;

La publication, la reproduction ou la propagation, faites de mauvaise foi, de nouvelles fausses impliquant le rétablissement de l'esclavage,

Seront poursuivis d'office et punis de trois mois à

deux ans d'emprisonnement et d'une amende de cinq cents francs à quatre mille francs, sans préjudice de peines plus graves pour tous autres crimes et délits prévus par les lois.

I. — Le projet (art. 7) punissait seulement la provocation. Je crains que la provocation *indirecte* ne soit un sujet de difficultés et d'entraves.

II. — La loi ancienne punissait l'excitation à la haine dans des conditions que j'ai expliquées. (Voyez mon tome 1er, pages 344 et suivantes.) La loi coloniale réprime la simple excitation.

III. — Sur ce qui constitue *l'outrage fait publiquement d'une manière quelconque*, voyez mon tome 1er, pages 413 à 417.

IV. — Les publications relatives aux nouvelles fausses ont fait l'objet de l'article 4 de la loi du 27 juillet 1849. Voyez ci-devant, page 92.

4. Seront poursuivis en vertu de la présente loi, et punis des peines portées en l'article 3, ceux qui auront, avec connaissance, publié ou distribué, dans les colonies, des journaux ou écrits périodiques ou non périodiques, imprimés dans la métropole ou à l'étranger, qui contiendront l'un des délits prévus par ledit article.

L'article 3 du projet était ainsi conçu : « Les journaux ou écrits « périodiques publiés à l'étranger ne pourront être admis dans « les colonies sans autorisation préalable du gouverneur.

« Ceux qui auront introduit ou distribué sans autorisation les- « dits journaux ou écrits périodiques, seront punis des mêmes « peines que ceux qui les auraient publiés sans cautionnement « dans les colonies. »

L'article 4 du même projet était ainsi conçu : « Ne pourra être « introduit ni distribué dans nos colonies, le journal ou écrit pé- « riodique ou non périodique, publié dans la métropole ou dans « une autre colonie, et renfermant un article qui aura été con- « damné ou qui aura motivé une saisie en vertu d'un mandat de « justice.

« Ceux qui l'auront secrètement introduit ou distribué seront « punis des mêmes peines que ceux qui auraient publié sans

« cautionnement un journal ou écrit périodique dans les co-
« lonies. »

5. Dans le cas où une feuille périodique com-
promettrait gravement l'ordre public, le gouverneur
pourra, par arrêté motivé et sous sa responsabilité,
en suspendre la publication pour un mois au plus. Il
rendra immédiatement compte de cette mesure au
gouvernement.

Cet article n'était pas dans le projet.

On a demandé ce qu'on voulait dire par le mot *gravement*?
M. Dupin a répondu : « Il ne faut pas que ce soit à la légère ; voilà
ce que cela veut dire... « et sous sa responsabilité, » dont vous
serez juges. » (Séance du 7 août ; *Moniteur* du 8, 2ᵉ suppl.)

6. Si, nonobstant la suspension, le journal ou
écrit périodique continue de paraître, cette infraction
sera punie correctionnellement des mêmes peines que
s'il avait paru sans cautionnement.

Cet article suppose bien que la presse périodique des colonies
doit être cautionnée. Voyez l'article 2 ci-dessus.

7. L'article 463 du Code pénal est applicable
aux délits prévus par les articles 2, 3, 4 et 6 de la présente loi.

Sur l'application de l'article 463 aux délits de la presse, voyez
mon tome 1ᵉʳ, pages 185 et suivantes, et voyez ci-devant, pages
56, 73, et pages 120, 121.

TITRE III.

DISPOSITIONS DIVERSES.

Art. 8. La juridiction correctionnelle continuera
de connaître des délits de diffamation verbale ou d'injure verbale contre toute personne, et de ceux de
diffamation et d'injure par une voie de publication
quelconque, contre les particuliers, sur la plainte de

la partie lésée, après instruction, ou sur citation directe au jour indiqué par ordonnance du président, sauf les cas attribués aux tribunaux de simple police.

I. — L'article 17 du projet ne disait rien *des délits de diffamation verbale ou d'injure verbale contre toute personne*. Il ne s'occupait que de la diffamation et de l'injure contre les particuliers. Dans la France métropolitaine, la diffamation et l'injure verbales, quelle que soit la qualité de la personne attaquée, sont soumises à la juridiction correctionnelle. Il en est de même de l'outrage verbal. Il ne devait pas en être autrement dans les colonies. Voyez mon tome 2, pages 180 et suivantes.

II. — Les autres infractions de la presse dans les colonies continuent à être régies, quant à leur poursuite, par les lois et ordonnances antérieures.

III. — Quant à la diffamation et à l'injure contre les simples particuliers, par une voie quelconque de publication, même par la voie de la presse, elles sont justiciables de la juridiction correctionnelle comme en France. Voyez mon tome 2, pages 152 à 157. Le décret du 2 mai 1848 n'avait pas modifié à cet égard le droit commun de la métropole. Voyez l'arrêt du 23 février 1850, indiqué ci-devant page 162, n° III.

9. Le décret du 2 mai 1848 cessera d'avoir ses effets dans les établissements coloniaux autres que ceux énumérés en l'article 1er ; ces établissements seront de nouveau soumis à la législation qui les régissait avant ledit décret.

Les lois relatives aux écrits non périodiques et à la police de l'imprimerie, de la librairie, de l'affichage et de la vente ou distribution des écrits ou imprimés, pourront être rendues, en tout ou en partie, applicables à ces établissements, par des règlements d'administration publique.

Voyez l'arrêt du 23 février 1850, cité ci-devant page 162, n° III.

TABLE DES MATIÈRES.

ANNÉE 1848.

ANNÉE 1849.

ANNÉE 1850.